वह पढ़ें जो अन्य नहीं पढ़ सकते:
अपने सामाजिक और संचार कौशल में महारत हासिल करें

वह पढ़ें जो अन्य नहीं पढ़ सकते

अपने सामाजिक और संचार कौशल में महारत हासिल करें

आई जे नायक

भारत

2023

अंतर्वस्तु

अध्याय 1: सारांश

यह अद्भुत होगा यदि मनुष्य समझ सकें कि हमारे मस्तिष्क के अंदर क्या होता है - जो अब तक बनाए गए सबसे जटिल अंगों में से एक है - जहां महान विचार और नवाचार आकार लेते हैं। क्या यह अद्भुत नहीं होगा यदि वैज्ञानिक और प्रौद्योगिकी भी इसके रहस्यों को खोल सकें - एक ऐसा अभिन्न घटक जिसका आज मशीनों में कोई समकक्ष प्रतिस्थापन नहीं है?

तो हमारे दिमाग के अंदर क्या चल रहा है?

कोई यह तर्क दे सकता है कि लोग वास्तव में क्या सोचते हैं यह जानने से संचार को बेहतर बनाने और हमें संभावित खतरे से बचाने में मदद मिलेगी। लोगों को पढ़ना असंभव लग सकता है, लेकिन सहकर्मियों, अजनबियों और प्रियजनों के साथ रोजमर्रा की स्थितियों में दूसरे अनुमान लगाने या गलत निर्णय लेने को खत्म करने में महत्वपूर्ण साबित हो सकता है।

लोगों की सटीक व्याख्या करने में क्या लगता है? आदर्श रूप से, फैंसी डिग्रियाँ इसके आंतरिक कामकाज का पर्याप्त ज्ञान प्रदान करेंगी; अन्यथा यह माता-पिता से विरासत में मिली सहज शक्तियों या छिपे रहस्यों पर निर्भर हो सकता है जिन्हें अनलॉक करने की आवश्यकता है - मेरा मानना है कि सभी कारक एक भूमिका निभाते हैं।

मस्तिष्क कार्यप्रणाली के बारे में अब तक लिखी गई सभी पुस्तकों के बावजूद, लोगों को सटीक रूप से पढ़ना असंभव है। अच्छे जीन या Google खोज के माध्यम से प्रकट कोई शीर्ष रहस्य भी मदद नहीं करेगा; किसी के आंतरिक कामकाज को वास्तव में समझने के लिए विज्ञान की आवश्यकता होती है - यह समझना कि लोग जो करते हैं वह क्यों सोचते हैं और कैसे प्रतिक्रिया करते हैं, यही किसी अन्य व्यक्ति को समझने की कुंजी है।

सावधानीपूर्वक संरक्षित रहस्यों को समझने के लिए सटीक निष्कर्ष तक पहुंचने के लिए ज्ञान, घटनाओं के अवलोकन और समझ के साथ-साथ मजबूत सहज ज्ञान की आवश्यकता होती है। हालाँकि, सबसे महत्वपूर्ण बात यह है कि उचित दिशा ढूँढ़ना और यात्रा शुरू करना!

और यह पुस्तक उस उद्देश्य को समाहित करती है। यह पाठकों को आसान और दिलचस्प तरीके से मन को पढ़ने के लिए आवश्यक सभी जानकारी देने के लिए विज्ञान को प्रबंधनीय टुकड़ों में विभाजित करता है। अपने सभी वर्षों में लोगों को प्रभावी संचार तकनीक सिखाने के दौरान, मुझे यह पता चला है कि जो जानकारी सीधे किसी के उद्देश्य को लाभ नहीं पहुंचाती है वह जल्दी ही बेकार हो सकती है - जबकि यह जानते हुए कि दाहिने हाथ से एक पक्षी का चित्र बनाते समय आपके मस्तिष्क के बाईं ओर क्या होता है आकर्षक हो सकता है, यदि भविष्य में इसके साथ चित्र बनाने की योजना न बनाई जाए तो यह व्यर्थ हो जाता है।

इसलिए, मैंने सावधानीपूर्वक वैज्ञानिक जानकारी का चयन किया है जो विशेष रूप से अन्य लोगों के दिमाग को पढ़ने के आपके उद्देश्य के लिए तैयार की गई है। मैंने जटिल शब्दावली से परहेज किया और जो आवश्यक है उस पर अड़ा रहा: स्पष्ट स्पष्टीकरण के साथ सरल निष्कर्ष।

लेकिन वह मन से पढ़ने का केवल एक पहलू है; और भी बहुत कुछ है. ऐसे रहस्य, आत्म-मूल्यांकन, सूक्ष्म संकेत और संचार तरकीबें हैं जिनका उपयोग कोई भी व्यक्ति अधिक जागरूक श्रोता बनने के लिए कर सकता है। मैं छात्रों को किसी भी शिल्प में महारत हासिल करने के बारे में पढ़ाते समय उगते सूरज की उपमा का उपयोग करता हूँ।

मैं अपने विद्यार्थियों से पूछता हूँ कि हर सुबह सूरज किस समय उगता है। जो लोग देर से सोते हैं उनकी तुलना में जो लोग जल्दी उठते हैं उन्हें कुछ पता होता है कि सूरज कब उगेगा; कोई भी सटीक मिनट नहीं बता सकता क्योंकि कोई भी इतना प्रेरित या इतना चौकस नहीं है

कि जान सके कि ठीक-ठीक कब। तो फिर, मैं उन्हें एक व्यायाम देता हूँ - कुछ ऐसा जिसे मैं आपको भी अब स्वयं करने के लिए प्रोत्साहित करता हूँ।

कल्पना कीजिए कि हर सुबह सूरज उगने से पहले आप अपनी बालकनी में बैठे हों और कॉफी पीते हुए अखबार पढ़ रहे हों - क्या आपके लिए यह जानना आसान होगा कि सूरज कब निकला? आपका उत्तर अधिक सटीक हो सकता है क्योंकि जब यह घटित हुआ तब वहां मौजूद रहने से इसके "समय की खिड़की" की अच्छी समझ मिलती है।

कल्पना कीजिए कि आप बालकनी में पूर्व दिशा की ओर मुंह करके बैठे हैं, उस सटीक स्थान को देख रहे हैं जहां सूरज उगता है, उसकी गर्माहट से क्षितिज पर आकाश को सुनहरे रंगों से रंगते हुए देख रहे हैं और फिर तुरंत अपनी घड़ी की जांच कर रहे हैं; उस विशेष दिन आपकी सटीकता बेजोड़ होगी क्योंकि आपको पता था कि यह कहां से शुरू होती है और आप अपने काम पर केंद्रित थे; आपका अंतर्ज्ञान भी सक्रिय हो जाएगा, जिससे प्रत्यक्ष अवलोकन के बिना भी सटीक अनुमान लगाया जा सकेगा - लगातार समय क्षेत्र बदलने के बावजूद आपको ठीक-ठीक पता चल जाएगा कि सूर्य कब उगेगा!

अब यदि मैं विद्यार्थियों की एक कक्षा से पूछूं कि सूर्य किस समय उगता है, तो जो लोग वास्तव में इसकी खोज के लिए प्रतिबद्ध थे, वे सबसे सटीक उत्तर प्रदान करेंगे। दिमाग पढ़ना बिल्कुल इसी तरह काम करता है; इसके लिए ज्ञान, अवलोकन और सराहना की आवश्यकता होती है कि प्रत्येक व्यक्ति अलग-अलग सोचता है इसलिए कोई "एक आकार सभी के लिए उपयुक्त" समाधान लागू नहीं होता है।

किसी का अवलोकन करते समय शामिल सभी कारकों को समझने के लिए ज्ञान और प्रतिबद्धता की आवश्यकता होती है। आपको सही दिशा में ले जाने के लिए एक ठोस रणनीति की आवश्यकता है - यहीं यह पुस्तक आती है - मैं आपको एक कुशल पाठक बनने के लिए आवश्यक सभी चीजें प्रदान करता हूं।

यह पुस्तक पढ़ने वाले लोगों के बारे में ऑनलाइन उपलब्ध मिथकों और अविश्वसनीय जानकारी का खंडन करती है। उदाहरण के लिए, हाथ मोड़कर रखना रक्षात्मकता का संकेत हो सकता है; लेकिन ठंडे कमरे में या बिना हाथ वाली कुर्सी पर बैठने पर यह व्यवहार व्यक्तित्व लक्षणों के बजाय पर्यावरणीय प्रभावों के कारण हो सकता है।

यादृच्छिक, अप्रमाणित "तथ्यों" पर विश्वास करना या पढ़ना अनावश्यक और हानिकारक दोनों है; लोगों को गलत तरीके से पढ़ना उन्हें बिल्कुल भी न जानने से भी बदतर है! माइंड रीडिंग में जासूसी या घुसपैठ शामिल नहीं है - बल्कि इसमें यह समझना शामिल है कि हमसे बात करते या संचार करते समय किसी का वास्तव में क्या मतलब है; उनके विचारों को समझने से हमें प्रतिक्रिया देते समय उनकी भावनाओं के प्रति जागरूक होने में मदद मिलती है।

तथ्य यह है कि केवल 7% संचार मौखिक रूप से होता है - बाकी गैर-मौखिक रूप से होता है। माइंड रीडिंग में यह समझना शामिल है कि कोई और क्या अनुभव कर रहा है, जो वे कह रहे हैं उसके पीछे उनके वास्तविक इरादों को जानकर बनाम जो अनकहा रह गया है - यह अत्यधिक जानकारीपूर्ण और अच्छी तरह से शोध की गई पुस्तक माइंड रीडिंग के सैद्धांतिक दृष्टिकोण से कहीं अधिक प्रदान करती है।

यह पुस्तक लक्षित ज्ञान और समझ, मेरे अपने अनुभवों और सीख से उपाख्यानों और एक पूर्ण व्यापक दृष्टिकोण प्रदान करती है जो अनकही दुनिया को समझने में कोई कसर नहीं छोड़ती है। हम विभिन्न व्यक्तित्व प्रकारों, प्रेरणाओं और उद्देश्यों की भी जांच करेंगे ताकि आप यह समझ सकें कि कुछ व्यक्ति कैसे सोचते हैं, वे इस तरह से संवाद क्यों करते हैं और

आप उनके संदेशों के माध्यम से व्यक्तिगत लक्ष्यों को कैसे प्राप्त कर सकते हैं - तो चलिए अब आगे बढ़ते हैं।

अध्याय 2: परिचय

माइंड रीडिंग क्या है? पहली नज़र में, माइंड रीडिंग लोगों के निजी विचारों में ताक-झांक करने और उन पर कहर ढाने के लिए किसी प्रकार का जादू-टोना या अनैतिक अभ्यास प्रतीत हो सकता है; यह जानकर कि कोई आपके मन को पढ़ सकता है, संभवतः चिंता का कारण बन सकता है, भले ही उनके साथ आपके रिश्ते की स्थिति कुछ भी हो; यह जानकर कि उनके पास ऐसी शक्ति है, हम भयभीत होकर भाग सकते हैं - हमारे मस्तिष्क के अंदर होने वाली हर चीज़ को जानने से बड़ी कोई महाशक्ति कभी नहीं हो सकती! लेकिन वास्तव में यह आक्रमण से अधिक समझ के बारे में है।

माइंड रीडिंग किसी से बात करते समय आत्मविश्वास पैदा करने के बारे में है, यह जानना कि उनके संदेश को गलत तरीके से प्रस्तुत नहीं किया जाएगा या गलत समझा नहीं जाएगा। माइंड रीडिंग हमें अनकहे शब्दों को समझने और इसमें शामिल पक्षों के बीच संचार को मजबूत करने में सक्षम बनाता है - एक अमूल्य कौशल जो आपको पेशेवर और व्यक्तिगत रूप से मजबूत संबंध बनाने की अनुमति देगा।

हमारे पसंदीदा लोग वे होते हैं जो हमें करीब से सुनते हैं और समझते हैं; बाल रोग विशेषज्ञ या दंत चिकित्सक जैसे लोग जो जानते थे कि हमारा "मैं ठीक हूं" कब ठीक नहीं लगता; बसों में अजनबी लोग जब हम शरीर का वजन बदलते हैं तो समझ जाते हैं और जरूरत पड़ने पर सीटें छोड़ देते हैं।

ये लोग हमारी जरूरतों और भावनाओं को करुणा और समझ के साथ सुनते हैं, निरीक्षण करते हैं और समझते हैं; वे दखल देने वाले नहीं हैं बल्कि अमूल्य सहायता प्रदान करते हैं। उनकी शक्तियों में यह जानना शामिल है कि वास्तव में क्या करने की आवश्यकता है और साथ ही इस लगभग अलौकिक क्षमता के माध्यम से दीर्घकालिक संबंध बनाने के लिए आवश्यक कौशल भी शामिल हैं - ठीक उसी प्रकार के लोग जिनके बारे में हम गुप्त रूप से चाहते हैं कि हम उनके जैसे हों - इस क्षमता के साथ पैदा नहीं हुए हैं लेकिन बना चुके हैं अपने आसपास के अन्य लोगों के प्रति अधिक जागरूक होने का एक सचेत निर्णय।

माइंड रीडर्स जानते थे कि प्रभावी संचार कितना महत्वपूर्ण था; वे समझ गए कि प्रभावी संवाद के लिए गहराई से सुनने और शब्दों से परे कही गई बातों की गहराई से समझ की आवश्यकता होती है। उन्होंने मौन, स्वर, प्रेरणा, वक्ताओं के इरादों के साथ-साथ अपने परिवेश और लोगों के बारे में जागरूक होने पर भी समान ध्यान दिया, जबकि पूर्वाग्रहों, निर्णयों और सीमाओं से परे छुपी सच्चाइयों का पता लगाने के लिए बातचीत का आकलन किया - बदले में विश्वास हासिल किया, सम्मान को समझा। साथ ही पेशेवर और व्यक्तिगत रूप से बेहतर निर्णय और निर्णय लेना।

माइंड रीडिंग ऐसा है जैसे कोई आपके लिए किसी विदेशी भाषा का अनुवाद कर रहा हो। वे इसे शाब्दिक रूप से कर सकते थे या कहे गए कुछ विदेशी-ध्वनि वाले शब्दों के पीछे अपनी प्रेरणा बता सकते थे।

लोगों का पढ़ना किसी की निजता पर हमला करने के लिए इस्तेमाल किया जाने वाला एक और शिल्प या चाल नहीं है; बल्कि यह एक कला है जो किसी व्यक्ति की भावनाओं और विचारों को सम्मान देती है।

लोगों को पढ़ना सीखना यह सुनिश्चित करने के सर्वोत्तम तरीकों में से एक है कि बातचीत सुचारु रूप से चले और पूर्ण रूप से हो। मन-पढ़ने का कौशल बातचीत के दौरान किसी भी अनुमान को खत्म कर देगा और इसे समझ, करुणा और संबंध निर्माण तत्वों से बदल देगा।

दिमाग से पढ़ने की क्षमताएं नेटवर्किंग कार्यक्रमों, कार्यस्थल की बैठकों या किसी ऐसे व्यक्ति से मिलते समय बातचीत को काफी हद तक बदल सकती हैं जो आपको अत्यधिक आकर्षक लगता है; दिमाग पढ़ने की क्षमता दो व्यक्तियों के बीच बातचीत के परिणामों पर अविश्वसनीय प्रभाव डाल सकती है।

माइंड रीडिंग एक कला है जिसमें मानव मस्तिष्क कैसे संचालित होता है, इसके बारे में गहन ज्ञान की आवश्यकता होती है, मानसिक रूप से उपस्थित रहना, निर्णय लेने और अवलोकन करने से बचना - लेकिन सबसे महत्वपूर्ण बात यह है कि इसमें किसी और के विचारों को समझने के लिए इन सभी आवश्यकताओं का आदर्श संयोजन बनाना शामिल है, चाहे वे कोई भी हों हैं, उनका व्यक्तित्व या उनके साथ आपके रिश्ते की स्थिति।

माइंड रीडिंग एक गहन विषय है, इसलिए माइंड रीडिंग के लिए सही माहौल बनाने के लिए इन जानकारियों को कैसे लागू किया जाए, इस पर रणनीति प्रदान करने से पहले हम प्रत्येक पहलू को व्यक्तिगत रूप से कवर करेंगे!

भाग एक में वह सब कुछ शामिल है जिसकी आपको लोगों को समझने और संचार की इस यात्रा को शुरू करने के लिए आवश्यकता होगी। यह रेखांकित करता है कि लोगों को पढ़ने का प्रयास करते समय क्या अपेक्षा की जा सकती है और कोई अन्य व्यक्ति जो संचार कर रहा है उसकी व्याख्या करने का प्रयास करते समय हमें किन गलतियों या बाधाओं का सामना करना पड़ सकता है; इसके अलावा, यह निरंतर विकसित हो रहे संचार क्षेत्र में आज हमारे सामने आने वाली कुछ चुनौतियों का समाधान करता है।

भाग दो हमारे दिमाग से जुड़ी हर चीज़ की पड़ताल करता है। यह बताता है कि हमारा मस्तिष्क कैसे काम करता है और व्यक्तिगत भिन्नताओं को आनुवंशिक के रूप में पहचानता है। इसके अलावा, यह भाग आपको यह जानने में मदद करेगा कि लोग कुछ खास तरीकों से व्यवहार क्यों करते हैं और विभिन्न व्यक्तित्व प्रकारों का पता लगाता है - ताकि आप लोगों को अधिक निष्पक्षता से देख सकें और उनके बारे में बेहतर निर्णय ले सकें।

भाग तीन आप पर और आप मेज पर क्या लाते हैं उस पर केंद्रित है। किसी को समझने के दो प्रमुख पहलू हैं: उनके सोचने के तरीके को जानना और अपने सोचने के तरीके को समझना। दुर्भाग्य से, मानसिक बाधाएँ अक्सर हमें किसी को ठीक से समझने में बाधा डालती हैं। व्यक्तिगत पूर्वाग्रहों के आधार पर तुरंत निर्णय लेने और धारणाएँ बनाने की हमारी प्रवृत्ति हमें दूसरों को सही ढंग से समझने से रोकती है।

भाग चार में अब तक जो कुछ भी सीखा गया है उसे लेना और इन सिद्धांतों को व्यवहार में लागू करना शामिल है। यहां आप छोटे रहस्यों और रणनीतियों की खोज करेंगे कि कैसे आप शब्दों के पीछे के वास्तविक अर्थ का अनुमान लगा सकते हैं, धोखे को पहचान सकते हैं और किसी और के दिमाग पर पूर्ण नियंत्रण हासिल कर सकते हैं।

कहने की जरूरत नहीं है, आप एक जांच अधिकारी-श्रेणी के लोगों के पाठक बनने के लिए एक संपूर्ण पुस्तक और व्यापक संसाधन की शुरुआत कर रहे हैं।

भाग एक: नींव रखें

किसी भी नई यात्रा की शुरुआत करने के लिए किए गए कार्यों की प्रेरणा और कुछ व्यवहार क्यों घटित होते हैं, इसे समझने की आवश्यकता होती है। आपको यह जानना होगा कि मन से पढ़ना क्यों आवश्यक है और इसकी प्रक्रिया के माध्यम से किसी भी चुनौती का पूर्वानुमान लगाना होगा; जो व्यक्त किया जा रहा है उसका सीधे अनुवाद क्यों नहीं होता?

अध्याय 3: आज लोगों को पढ़ना इतना कठिन क्यों है

बहुत समय पहले की बात नहीं है, संचार में किसी अन्य व्यक्ति के साथ आमने-सामने आँखें बंद करके बैठना और आप दोनों के पास बोलने और सुने जाने के लिए पर्याप्त समय होना शामिल था। हालांकि समय के साथ, संचार के तरीकों में काफी बदलाव आया है - जबकि नए रूपों ने वैश्विक बातचीत की अनुमति दी है, वे आपके बीच होने वाली बातचीत के साथ-साथ मल्टीटास्किंग होने के कारण गुणवत्तापूर्ण बातचीत को भी कम करते हैं। इसका मतलब है कि बातचीत ने अपना मूल्य खो दिया है।

समय की कमी

हमारा समय लगातार लाइन पर है. हालाँकि आज की प्रौद्योगिकियाँ हमें कुछ राहत प्रदान करती हैं - पहले से पका हुआ भोजन भोजन के समय को प्रति भोजन मात्र कुछ सेकंड तक कम कर सकता है और आभासी बैठकें अक्सर समय बचाने के लिए पारगमन में बैठकें निर्धारित करती हैं - कॉफ़ी ऑन-द-गो हो गई है और संचार अक्सर मानसिक जाँच सूचियों के आसपास होता है जो हम करते हैं हमारे दिमाग में बनाएँ.

दूरवर्ती संचार के वे दिन गए जो बातचीत को सीमित करते थे

वे दिन लद गए जब हम या तो व्यक्तिगत रूप से संवाद करते थे या लंबे-लंबे पत्र लिखते थे जिन्हें भेजने में महीनों लग जाते थे; जब प्रत्येक शब्द अपने अंतिम ड्राफ्ट में किसी चीज़ के लिए गिना जाता है। आजकल, संचार कई अलग-अलग रूप लेता है - जो अक्सर बातचीत को सीमित करता है।

आज किसी अन्य व्यक्ति के साथ संचार करने के कई साधन हैं: ईमेल, टेक्स्ट संदेश, सोशल मीडिया इंटरैक्शन, वॉयस नोट्स, वीडियो कॉल और फोन कॉल संचार के लिए हमारे पास उपलब्ध कुछ तरीके हैं। किसी से आमने-सामने मिलना ज्यादातर ज़ूम मीटिंग या वीडियो कॉल से बदल दिया गया है क्योंकि चर्चा किए गए विषय ऑनलाइन हो गए हैं - प्रमुख नकारात्मक पक्ष यह है कि डिजिटल बातचीत के ये रूप समग्र संवाद अनुभव को सीमित कर देते हैं।

टेक्स्ट संदेश हमें किसी के स्वर और चेहरे के भावों को सटीक रूप से मापने की अनुमति नहीं देते हैं, इसलिए एक शब्द में उत्तर देना बोरियत, असहमति या एक साथ कई अन्य पक्षों के साथ संवाद करने से विचलित होने के कारण हो सकता है।

फ़ोन पर आयोजित एक साक्षात्कार यह समझने की आपकी क्षमता को सीमित कर देता है कि एक भर्तीकर्ता आपके उत्तरों को कैसे प्राप्त कर रहा है और संसाधित कर रहा है। चूंकि आपके और उनके बीच कोई बातचीत नहीं है, इसलिए दूसरों को सटीक रूप से समझना अधिक चुनौतीपूर्ण हो सकता है।

सोशल मीडिया संवादी

गुमनामी एक अविश्वसनीय शक्ति हो सकती है; यह आपको जवाबदेही के बिना अपनी आवाज़ सुनने की क्षमता प्रदान करते हुए अदृश्य रूप से प्रभावशाली बनने में सक्षम बनाता है; पासपोर्ट नियंत्रण से प्रतिबंध के बिना दूसरों को अनगिनत धन तक पहुंच प्रदान करना, आप कहां और कब उड़ते हैं, इसकी कोई सीमा नहीं होने के कारण पंख लगाने जैसा है।

केवल टाइपिंग की गति से सीमित, गुमनाम टाइपिंग आपको ऐसी बातें कहने के लिए प्रेरित करती है जो आप अन्यथा किसी से व्यक्तिगत रूप से सीधे तौर पर कभी नहीं कह पाते।

यादृच्छिक विचार राय बन जाते हैं, जो फिर बहस में बदल जाते हैं। आप कभी नहीं जानते कि आपके हेयरस्टाइल की आलोचना करने वाला व्यक्ति वास्तव में इसे नापसंद करता है या उनके बाल खराब रहे हैं; उनकी अभिव्यक्ति की स्वतंत्रता से यह समझना असंभव हो जाता है कि लोग कैसे सोचते हैं और विशिष्ट जानकारी को कैसे समझते हैं।

संस्कृतियों में वैश्विक संचार

अब हम केवल अपने स्थानीय समुदायों के भीतर ही संवाद नहीं करते हैं, अब व्यवसाय और रिश्ते सीमाओं तक फैले हुए हैं। जैसे-जैसे हमारी बातचीत के तरीके दुनिया भर में फैलते गए, संस्कृतियाँ आपस में मिलती-जुलती हो गईं - जिसे एक छोर पर सम्मानजनक व्यवहार माना जाता था, उसे अब दूसरे कोने में आक्रामक माना जा सकता है। आरोहण में समय लगेगा क्योंकि हम सह-अस्तित्व और सीमाओं के पार अधिक कुशलता से संचार करना सीखते हुए इन मतभेदों को एक-दूसरे के साथ अनुकूलित और स्वीकार करते हैं।

हमें न केवल भाषा की बाधाओं को दूर करना चाहिए, बल्कि अक्सर, यह स्वीकार करना आवश्यक हो सकता है कि किसी अन्य व्यक्ति की आंखों के संपर्क के प्रति उदासीनता बोरियत के कारण नहीं बल्कि सम्मान के कारण हो सकती है। समय के साथ हमें संस्कृतियों के बीच संचार का एक पारस्परिक रूप से स्वीकार्य तरीका विकसित करना होगा।

जैसे-जैसे ये वैश्विक संचार और अधिक प्रभावशाली होते जा रहे हैं, इनका प्रभाव घरेलू स्तर पर सबसे अधिक तीव्रता से महसूस किया जाता है; अक्सर लोगों में दूसरों को समझने में असमर्थता के बजाय भ्रम और सदमा पैदा होता है।

बहुत पहले, बातचीत शिकार, परिवार, बच्चों और अस्तित्व पर केंद्रित होती थी। हालाँकि बातचीत इन विषयों पर केंद्रित थी, अब हम और भी बहुत कुछ पर चर्चा कर सकते हैं - बैंकिंग और निवेश से लेकर खेल, प्रौद्योगिकी और यहां तक कि डिजिटलीकरण तक, ऐसे कई विषय और उपविषय हैं जिन पर विस्तार से चर्चा की जा सकती है।

रुचियां इतनी विविध कभी नहीं रहीं; उनके बीच बातचीत बनाए रखना एक अत्यंत कठिन चुनौती हो सकती है। किसी ऐसे व्यक्ति से बात करते समय आपका दिमाग आसानी से भटक सकता है जिसकी रुचियाँ आपसे काफी भिन्न हों; इससे भ्रम पैदा होता है और कार्यों की गलत व्याख्या हो जाती है, जिससे किसी के दिमाग को पढ़ना पहले से भी अधिक कठिन हो जाता है।

जैसे-जैसे हमारी दुनिया तेजी से बदल रही है, इसकी तीव्र प्रगति के साथ तालमेल बनाए रखना और लोगों के साथ सार्थक और उत्पादक बातचीत करना चुनौतीपूर्ण हो सकता है। इसे सफलतापूर्वक करने और उन्हें सटीक रूप से पढ़ने के लिए, समान गति से विकास करते समय इन कारकों का ध्यान रखना आवश्यक है।

अध्याय 4: क्या आप बड़ी तस्वीर देखने से चूक रहे हैं?

एक अद्भुत नौकरी पाने के लिए क्या करना पड़ता है? यदि यह केवल स्कूली शिक्षा और कॉलेज ग्रेड तक ही होता, तो व्यक्तिगत साक्षात्कार भी आवश्यक नहीं होता। क्या आपको कभी संभावित नौकरी उम्मीदवारों के लिंक्डइन प्रोफाइल ब्राउज़ करने और वर्तमान कार्य पदों से प्रभावित होने के बाद कोई प्रस्ताव मिला है? यह अत्यधिक असंभावित है; डिग्रियाँ हमेशा यह संकेत नहीं देतीं कि कोई व्यक्ति आदर्श उम्मीदवार है या नहीं।

व्यवसाय आपकी मानसिकता, आदतों और आपके विचार और मूल्य कंपनी के साथ कितनी अच्छी तरह मेल खाते हैं, इसकी गहराई से परवाह करते हैं - एक ऐसा पहलू जो जीवन में भी लागू होता है। उदाहरण के लिए, जीवन साथी चुनते समय यह केवल हास्य कलाकारों की तलाश के बारे में नहीं है; बल्कि आपको किसी ऐसे व्यक्ति को ढूंढना चाहिए जिसके साथ आप हाथ छूने जैसे गैर-मौखिक माध्यमों के माध्यम से दुनिया कैसे काम करती है, इसकी समान समझ साझा करते हों।

यह सच है कि जीवन और लोग अक्सर जटिल हो सकते हैं; जब संचार या सामाजिक संबंधों की बात आती है तो किसी के पास आसान उत्तर नहीं होता है। झूठ, दुर्व्यवहार या धमकाने वाले व्यवहारों के बारे में हमें सचेत करने वाला कोई चेतावनी संकेत हमेशा उनकी सतह पर दिखाई नहीं दे सकता है। मानव स्वभाव के अध्ययन से कई उल्लेखनीय खुलासे हुए हैं। मौखिक और शारीरिक व्यवहार में ऐसे पैटर्न हैं जो इन सच्चाइयों को उल्लेखनीय सटीकता के साथ प्रकट करते हैं, जिनका अक्सर हमारे अस्तित्व के इस पहलू को समझने के लिए समर्पित पेशेवरों द्वारा बारीकी से अध्ययन किया जाता है। ऐसी भूमिकाओं में व्यक्तियों में गुप्त एजेंट, मनोवैज्ञानिक, जांचकर्ता, परामर्शदाता और जूरी सदस्य शामिल हैं। मानव पैटर्न का उनका अध्ययन उन्हें तुरंत यह निर्धारित करने की अनुमति देता है कि कोई व्यक्ति ईमानदार है, रहस्य छिपा रहा है या आपराधिक व्यवहार में संलग्न है - इस प्रकार उन्हें खुद को और दूसरों को संभावित खतरे से बचाने के लिए बेहतर निर्णय लेने में मदद मिलती है।

कहने की आवश्यकता नहीं है कि आज समाज में पारस्परिक संचार कौशल को बड़े पैमाने पर उपेक्षित किया जाता है। इसलिए, छात्रों द्वारा चुने गए कार्यक्रम की परवाह किए बिना उन्हें स्कूलों और कॉलेजों में पढ़ाया जाना चाहिए; पढ़ने वाले लोगों को केवल मनोवैज्ञानिक अध्ययन तक ही सीमित नहीं रहना चाहिए; विपणक, डॉक्टर, नर्स, वकील, भर्तीकर्ता, खिलाड़ी - कोई भी पेशेवर जो लोगों से निपटता है उसे भी यह कौशल सीखना चाहिए।

संचार और लोगों को पढ़ने में महारत

लोगों के लिए पढ़ना एक कम महत्व वाला कौशल है जिसकी अक्सर सराहना नहीं की जाती, जैसे बोलने से इसका संबंध। हर कोई एक ही तरह से नहीं सोचता और एक ही तरह से नहीं बोलता - यह सब परवरिश, पर्यावरण, भावनाओं और व्यक्तित्व के प्रकार पर निर्भर करता है जो हम जो कहते हैं उसे प्रभावित करते हैं - जिसका अर्थ है कि एक व्यक्ति एक बात कह सकता है लेकिन दूसरा उसकी पूरी तरह से अलग व्याख्या कर सकता है; अंततः यह लोगों को सटीकता से पढ़ने में सक्षम होने पर निर्भर करता है ताकि यह सटीक रूप से पता लगाया जा सके कि एक-दूसरे व्यक्ति क्या कहना चाह रहे हैं।

रिश्ते हेनरी विंकलर के अनुसार, धारणाएँ रिश्तों के दीमक हैं - एक ऐसा अवलोकन जो इससे अधिक सच नहीं हो सकता है! इससे कोई फर्क नहीं पड़ता कि इसमें कौन शामिल है;

जीवनसाथी, माता-पिता, दोस्त या भाई-बहन: धारणाएं और गलतफहमियां अक्सर इन रिश्तों में संघर्ष पैदा करने में मुख्य उत्प्रेरक के रूप में काम करती हैं; अक्सर उनकी ओर से रुचि की कमी या एक भाई-बहन या किसी अन्य द्वारा किसी उपलब्धि को साझा करने के प्रयास को गलत समझा जाता है। हमारे दैनिक जीवन में कई बार ऐसा होता है जब हम जो कुछ कहते हैं उसे पूरी तरह से संदर्भ से बाहर कर दिया जाता है या पूरी तरह से अलग तरीके से गलत व्याख्या की जाती है। दूसरों द्वारा - हमें उनके इरादों पर सवाल उठाने को मजबूर कर रहा है!

यदि वे समझते कि वास्तव में हमारा क्या मतलब है, तो भावनाओं या हार्दिक शिकायतों को अलगाव और शिकायतों के रूप में गलत नहीं समझा जाता। अक्सर हम उम्मीद करते हैं कि करीबी रिश्ते सूक्ष्म संकेतों, मनोदशाओं, छिपे हुए संदेशों या इशारों को बिना सीधे तौर पर बताए बिना ही समझ लेंगे; क्या यही कारण नहीं है कि संचार करना एक ऐसी कला है: बिना स्वयं कुछ बोले यह समझना कि दूसरों का क्या मतलब है?

कभी-कभी रिश्तों में संकेतों को सटीक रूप से पढ़ना चुनौतीपूर्ण हो सकता है। यदि हम उन संकेतों की सटीक व्याख्या करना चाहते हैं तो समझ, एकाग्रता और एक जागरूक दिमाग सभी की आवश्यकता है; एक बार इसे हासिल करने के बाद यह स्वस्थ संबंधों को बनाए रखने में जबरदस्त अंतर ला सकता है। हमारे पड़ोस में एक जोड़ा रहता था, जिसका मानना था कि जब भी उसका पति उससे झूठ बोलता था, तो वह हिल जाता था; जिसके परिणामस्वरूप उनमें अक्सर झगड़े होते रहते थे!

जब भी वह उससे कोई पेचीदा सवाल पूछती थी, हम सभी प्रभावशाली मूंछों से ढके उसके ऊपरी होंठ को ध्यान से देखते थे और देखते थे कि जवाब में वह हिलने लगता है। उस समय मेरी धारणा यह थी: वह जानती थी कि जब वह झूठ बोल रहा था तो उसे कैसे पहचाना जाए! यह जानकारी अच्छी नहीं थी क्योंकि वे अक्सर इस पर लड़ते थे - वर्षों बाद जब उन्होंने उपचार की मांग की तो उन्हें पता चला कि यह इसलिए नहीं कि वह झूठ बोल रहा था, बल्कि घबराहट के कारण मरोड़ रही थी! ऐसी धारणाओं ने उनके रिश्ते को बहुत नुकसान पहुँचाया!

लोगों को सटीक रूप से पढ़ने से आपको ऐसी धारणाओं पर काबू पाने में मदद मिल सकती है, जिससे आप रिश्तों को बेहतर ढंग से समझने में सक्षम हो सकते हैं, भले ही कोई खुद को मौखिक रूप से कितनी अच्छी तरह व्यक्त कर सकता है।

आजीविका

यदि आप जानते थे कि आपके बॉस को कार्यस्थल के बाहर समस्याओं का सामना नहीं करना पड़ रहा था, जिसके कारण उनके काम को समय पर पूरा करने में देरी हो रही थी, बजाय इसके कि वे इसे देर से पूरा करने के बारे में निराश थे, तो आपका दृष्टिकोण अलग हो सकता था: इसके बजाय नैतिक समर्थन और स्थान की पेशकश करना देरी की लगातार आलोचना करने से संभवतः उसके साथ भावनात्मक संबंध मजबूत होंगे और अवसरों, बेहतर संबंधों और अधिक प्रभावी टीम वर्क के द्वार खुल सकते हैं।

अधिकांश नौकरियों में परिणाम प्राप्त करने के लिए टीमों में एक साथ काम करना शामिल होता है, चाहे वह डॉक्टर, शिक्षक या प्रबंधक के रूप में हो। इससे कोई फर्क नहीं पड़ता कि आपकी विशेषज्ञता - चिकित्सा और शिक्षण से लेकर प्रबंधन भूमिकाओं तक - अन्य पेशेवरों के साथ अच्छी तरह से समझना और काम करना काम को कुशलतापूर्वक और आपकी सर्वोत्तम क्षमता से पूरा करने के लिए महत्वपूर्ण है। विशेष रूप से नेताओं को विभिन्न प्रकार के व्यक्तियों के साथ सहयोग करना चाहिए - प्रत्येक के पास चुनौतियों या आलोचना का सामना करने पर अलग-अलग प्रतिभाएं, कमियां और प्रतिक्रियाएं होती हैं - यह समझकर कि कोई

उनके जैसा प्रतिक्रिया क्यों देता है, आप प्रतिक्रियाओं को उचित रूप से तैयार कर सकते हैं और उनकी क्षमताओं का इष्टतम उपयोग कर सकते हैं।

कंपनियां आज अपने कर्मचारियों के लिए एक सुखद कामकाजी माहौल बनाने में भारी निवेश कर रही हैं, यह महसूस करते हुए कि कर्मचारी उनका सबसे बड़ा निवेश हैं और उन्हें अपनी अधिकतम क्षमता पर प्रदर्शन करने के लिए संतुष्ट और खुश रहना चाहिए। कर्मचारियों की संतुष्टि पर अधिक जोर देते हुए प्रोत्साहनों की पेशकश तेजी से की जा रही है। कंपनियों को तदनुसार भावनात्मक जरूरतों को पूरा करते हुए प्रत्येक कर्मचारी के व्यक्तित्व का सम्मान करना चाहिए; पढ़ना व्यवसायों को इसे प्राप्त करने के लिए एक प्रभावी उपकरण प्रदान कर सकता है। पढ़ने वाले लोग भलाई और उत्पादकता के लिए अनुकूल माहौल बनाकर कर्मचारियों को कर्मचारियों को बनाए रखने में भी मदद कर सकते हैं।

सामाजिक जीवन

लोग हमारी भलाई के लिए आवश्यक हैं; वे भावनात्मक भलाई, बुनियादी जरूरतों और समग्र मानसिक कल्याण का समर्थन करते हैं। सभी मनुष्य सुने और समझे जाने की इच्छा रखते हैं, इसलिए जो लोग ऐसा करने के लिए दूसरों को सुरक्षित स्थान प्रदान करते हैं वे अक्सर सही ऊर्जा को आकर्षित करते हैं - किसी ऐसे व्यक्ति से बात करने की कल्पना करें जो वास्तव में वही समझता हो जो आप कहना चाह रहे थे, बिना अंतहीन स्पष्टीकरण की आवश्यकता के; आप संभवतः हर संभव अवसर पर उस व्यक्ति की तलाश करेंगे!

मानसिक और भावनात्मक स्वास्थ्य हमारे अपने विचारों को समझना काफी चुनौतीपूर्ण हो सकता है; कई बार हमारी प्रतिक्रियाएँ असंबंधित स्रोतों से आती हैं - नींद की कमी आपको चिड़चिड़े या चिड़चिड़ा बना सकती है, जबकि छोटी-छोटी बातें आसानी से हमारी प्रतिक्रियाओं को भड़का सकती हैं और हमें पता ही नहीं चलता कि उन्होंने ऐसा क्यों किया। भावनात्मक बुद्धिमत्ता हमें अपनी भावनाओं को पहचानने और समझने में मदद करके, हमारी भावनात्मक और मानसिक भलाई दोनों को बनाए रखने में एक बड़ी भूमिका निभाती है; जोर से पढ़ने से अंतर्दृष्टि का एक और स्तर जुड़ जाता है क्योंकि यह हमें अन्य लोगों के इरादों को अधिक आसानी से समझने देता है, जैसे कि यह समझना कि आपके साथी का गुस्सा दो साल की उम्र में झपकी लेने से चूकने पर भी आसानी से आ सकता है!

लोगों को समझने से आपको अत्यधिक भावनाओं के समय में भी शांत और सकारात्मक बने रहने में मदद मिल सकती है। अपने आप को उन तानों या आक्षेपों से दूर रखें जो आपको निर्देशित लग सकते हैं लेकिन वास्तव में दूसरों के कारण होते हैं, समझ आपको उथल-पुथल और कठिनाई के समय भी सकारात्मक रहने की अनुमति देगी।

लोगों को पढ़ने में समय और अभ्यास लग सकता है, लेकिन अन्य लोगों और खुद के साथ मजबूत संबंध बनाने के लिए इसमें महारत हासिल करना आपके लिए सार्थक है। काम पर यह अधिक उत्पादक टीम वर्क को सक्षम करेगा जबकि आपके सामाजिक जीवन में यह दोस्तों को समझने और स्वतंत्र रूप से संवाद करने के लिए एक सुरक्षित स्थान प्रदान करके मजबूत नेटवर्क बना सकता है।

अध्याय 5: आगे बढ़ने से पहले, बाधाओं और पूर्वाग्रहों पर ध्यान दें

हमें लोगों को समझने से क्या रोकता है? हालाँकि शब्द-दर-शब्द मन पढ़ना अभी संभावना के दायरे से बाहर है, लेकिन कोई भी कृत्रिम बुद्धिमत्ता, तकनीकी या चिकित्सा प्रगति हम सभी के भीतर जटिल तंत्रिका सर्किटरी को डिकोड करने में कामयाब नहीं हुई है - फिर भी कुछ हमें बोली जाने वाली बात को सटीक रूप से समझने से रोकता है। भाषा?

आप लोगों को सही ढंग से पढ़ने से क्या रोक रहे हैं?

क्या आप लोगों को ठीक से समझने में संघर्ष कर रहे हैं? तो आपको कुछ कार्यों और शब्दों से लोगों का क्या मतलब है, इसे सही ढंग से समझने से कौन रोक रहा है? लोगों को पढ़ना दूसरों के चेहरे के भाव, लहजे और संवाद को समझने जितना ही सरल होना चाहिए, फिर भी ऐसा हमेशा नहीं होता है - विभिन्न अवसरों पर एक ही व्यक्ति द्वारा बोले गए समान शब्दों का पूरी तरह से अलग अर्थ हो सकता है!

कोई आपसे कह सकता है "मुझे पता है आपका क्या मतलब है," फिर भी उनका लहजा तारीफ या आलोचना का संकेत दे सकता है।

कभी-कभी, किसी के लहज़े को समझना आसान हो सकता है; अन्य समय ऐसा नहीं हो सकता है। हम कई कारणों से किसी की बात का गलत मतलब निकाल सकते हैं; यहां कुछ कारक हैं जो प्रभावित करते हैं कि हम लोगों की व्याख्या कैसे करते हैं:

उन्हें बहुत अच्छी तरह से जानना या पर्याप्त रूप से नहीं जानना: जैसे-जैसे आपका रिश्ता किसी के साथ मजबूत होता है, आपकी अपेक्षाएं उसी के अनुसार बढ़ती जाती हैं। हमारे प्रियजन हमसे अपेक्षा करते हैं कि हम स्वयं को समझाने या प्रभावी ढंग से संवाद करने की आवश्यकता के बिना यह समझें कि उनका क्या मतलब है। "आँखों को बोलना चाहिए," जब आप किसी को करीब से जानते हैं, लेकिन जब वे सही मानसिकता में नहीं होते हैं तो अक्सर गलत संचार करते हैं। हर नज़र के पीछे हमेशा उससे कहीं ज़्यादा कुछ होता है जो नज़र आता है; कभी-कभी वह कहानी आपके लिए अज्ञात भी रह सकती है! कोई व्यक्ति क्या कहता है या उसका क्या मतलब है, यह उनके व्यक्तित्व, परिवेश, विचारों और अन्य दैनिक प्रभावों के आधार पर व्यापक रूप से भिन्न हो सकता है - यह जानना कठिन हो सकता है कि कोई व्यक्ति नाखुश मूड में क्यों हो सकता है; ऐसा इसलिए हो सकता है क्योंकि उनके बॉस ने उन्हें दुःख दिया है।

किसी ऐसे व्यक्ति के शब्दों और कार्यों की गलत व्याख्या करने के समान, जिसे हम पर्याप्त रूप से नहीं जानते हैं, किसी को पर्याप्त रूप से न जानने से भी शब्दों और कार्यों की गलत व्याख्या हो सकती है। एक अंतर्मुखी व्यक्ति के मन में आपके विरुद्ध कुछ भी नहीं होता - वे अन्य लोगों की तुलना में खुलने में अधिक समय लेते हैं। इसलिए, सभी को समान स्तर पर पढ़ने का प्रयास संभवतः विफलता में समाप्त होगा।

संदर्भ को नज़रअंदाज़ करना और संकेतों पर ध्यान केंद्रित करना: आंखों के संपर्क से बचना यह संकेत दे सकता है कि कोई झूठ बोल रहा है; लेकिन यह उदासीनता या कम आत्मसम्मान का संकेत भी दे सकता है; लोगों को पढ़ने का प्रयास करते समय सबसे खराब गलतियों में से एक यह है कि संदर्भ पर विचार किए बिना जो पढ़ा जाता है उसे लागू करना और किसी को पढ़ने का प्रयास करते समय सभी पहलुओं को ध्यान में रखना। लोगों को पढ़ते समय आपको केवल

एक व्यक्ति के खिलाफ सबूत के रूप में एक पुस्तक से जानकारी के टुकड़ों का उपयोग करने के बजाय सभी कारकों को ध्यान में रखना चाहिए।

पोकर चेहरे के झांसे में आना: लोगों को पढ़ते समय केवल शारीरिक भाषा, शब्दों या चेहरे के भावों के आधार पर धारणाएं न बनाएं। लोगों को पढ़ने में उनके बारे में सटीक अनुमान लगाने के लिए सावधानीपूर्वक विश्लेषण करने से पहले व्यक्तियों पर डेटा एकत्र करना शामिल है। उदाहरण के लिए, यह न मानें कि कोई व्यक्ति सिर्फ इसलिए घबरा गया है क्योंकि उसकी हथेलियाँ पसीने से तर हैं - अन्य संकेतों पर भी ध्यान दें जो इसी तरह की घबराहट का संकेत देते हैं जैसे कि हिलना-डुलना, ज़ोर से बोलते समय घबरा जाना, बोलते समय हकलाना आदि... यह बस हो सकता है कि वे बहुत सारी परतें पहन रखी हैं और अंदर बहुत गर्मी महसूस हो रही है!

अपनी भावनाओं से अनभिज्ञ: यह सिर्फ यह हो सकता है कि आप किसी अन्य व्यक्ति के व्यवहार से इतने अधिक प्रभावित हैं कि आप यह आकलन करने में असफल हो जाते हैं कि दूसरा व्यक्ति कैसे कार्य करता है या उनके बारे में आपकी अपनी धारणा के आधार पर आप कैसा महसूस करते हैं? शायद आपके अपने पूर्वाग्रह, पूर्वाग्रह या उनके बारे में समझ आपको बड़ी तस्वीर देखने से रोक रही है; लोगों को सटीक रूप से पढ़ने के लिए यह आत्म-जागरूकता और यह समझने से शुरू होता है कि आप लोगों को कैसे समझते हैं।

व्यक्तित्व या स्थिति को ग़लत समझना व्यवहार को ख़राब करना दो प्रमुख घटक हैं जो किसी के कार्यों को प्रभावित करते हैं - उनका वातावरण और व्यक्तित्व लक्षण। दुर्भाग्य से, अजनबियों और परिचितों के साथ संचार करते समय दोनों के बीच अंतर करना चुनौतीपूर्ण हो सकता है, जिससे लोग क्या संवाद करने की कोशिश कर रहे हैं इसका गलत आकलन हो सकता है। बहुत जल्दी निष्कर्ष पर पहुंचने का मतलब है कि खुद को यह समझने के लिए पर्याप्त समय देना कि कोई व्यक्ति कैसे प्रतिक्रिया देता है वह व्यक्तिगत प्राथमिकताओं या बाहरी ताकतों के कारण है, जिनसे उन्हें लड़ना होगा।

पुष्टिकरण पूर्वाग्रह में शामिल हों: जब हम किसी के बारे में पूर्वकल्पित धारणाएं बनाते हैं और उनके साथ अपने मन में लेबल जोड़ते हैं, तो उसके बाद वे जो कुछ भी कहते हैं या करते हैं, वह उनके बारे में इन आकलनों को प्रमाणित करने और उनके बारे में हमारे अपने विचारों की पुष्टि करने का काम करता है। हालाँकि, ऐसा करने से, हम खुद को पूरी तस्वीर देखने से रोक सकते हैं और जो हम वास्तविकता मानते हैं उस पर ध्यान केंद्रित कर सकते हैं।

व्यक्तित्व पूर्वाग्रह के आगे झुकना: जब हम किसी को आकर्षक पाते हैं, तो हमारे मन में उसकी एक अत्यधिक सकारात्मक छवि बन जाती है। यह उन लोगों पर भी लागू होता है जिनकी आदतें, शौक या पसंद हमसे मिलती-जुलती हैं; हमारी राय हमारी अपेक्षा से भिन्न किसी व्यक्ति की तुलना में किसी ऐसे व्यक्ति के प्रति अधिक अनुकूल होती है जिसके प्रति हम आकर्षित महसूस करते हैं - इस प्रकार वह व्यक्ति वास्तव में कौन है, इसके बारे में सटीक आकलन में बाधा उत्पन्न होती है।

आपके अतीत से प्रभाव: यदि हाल ही में किसी ने आपको धोखा दिया है, तो संभावना है कि अब कोई जो कहता है उस पर आप भरोसा करने में अधिक अनिच्छुक हो सकते हैं। हमारे पिछले अनुभव यह निर्धारित कर सकते हैं कि हम दूसरे लोगों का मूल्यांकन कैसे करते हैं।

अनम्यता: यदि आप किसी चीज़ के बारे में मजबूत राय रखते हैं और कोई उनसे असहमत है, तो एक-दूसरे को पूरी तरह और निष्पक्ष रूप से स्वीकार करने और समझने में मानसिक बाधाएं पैदा हो सकती हैं। उदाहरण के लिए, यदि आप अपना पैसा बुद्धिमानी से खर्च करना पसंद करते हैं और स्मार्ट निवेश रणनीतियों के लिए समर्पित हैं, तो इससे आप उन लोगों को नकारात्मक रूप से आंकने लगेंगे जो इन मामलों की परवाह किए बिना खर्च करते हैं।

तथ्य यह है कि, हम सभी के मन में इस बारे में पूर्व धारणाएं होती हैं कि दूसरे लोगों द्वारा स्वीकार्य व्यवहार क्या माना जाता है। हालांकि समान विचारधाराओं और विचार प्रक्रियाओं वाले लोगों की ओर आकर्षित होना या उनके साथ घुलना-मिलना पूरी तरह से ठीक है, लेकिन जो लोग हमारी विचारधाराओं में फिट नहीं होते हैं, उनके बारे में कठोर निर्णय लेना दूसरों के सोचने और व्यवहार करने के तरीके को समझने और हमारे दृष्टिकोण और व्यवहार को पूरी तरह से समझने के बीच बाधाएं पैदा कर सकता है। दूसरों को वास्तव में समझने और उनके मतभेदों को स्वीकार करने के लिए।

अध्याय 6: विभिन्न संचार शैलियों को समझें

पर्यावरण, पालन-पोषण और व्यक्तित्व सभी हमारे संवाद करने में भूमिका निभाते हैं; हमारा वातावरण, पालन-पोषण और व्यक्तित्व के लक्षण सभी हमारे शब्दों, विचारों और कार्यों को प्रभावित करते हैं। व्यक्तित्व विशेषज्ञों ने संचार के विशिष्ट लक्षणों और तरीकों की पहचान की है जिनका लोग आम तौर पर उपयोग करते हैं: व्यक्तिगत रूप से मुखर; आक्रामक; आक्रामक निष्क्रिय

* चालाकीपूर्ण

जैसे-जैसे आप लोगों से बेहतर परिचित होते जाते हैं, उनकी संचार शैली को पहचानने की आपकी क्षमता बढ़ती जाती है। यह समझने में भी वृद्धि होगी कि कोई व्यक्ति एक निश्चित तरीके से क्यों बोलता है। पहली नज़र में, निष्क्रिय संचारक आँख से संपर्क करने से बचते हैं और आपकी हर बात से सहमत होते हैं, इसलिए उनकी संचार शैली को पहचानने में सक्षम होने से व्यक्तित्व गुणों और रिश्तों का अधिक सटीक आकलन करने में मदद मिलेगी। विशिष्ट स्थितियों और रिश्तों के लिए विभिन्न प्रकार के संवाद की आवश्यकता होती है। कौन बोल रहा है इसके आधार पर संचार शैलियाँ भिन्न होती हैं; जिन लोगों को आप नापसंद करते हैं उनके साथ व्यवहार करते समय आप निष्क्रिय-आक्रामक रणनीतियों का उपयोग कर सकते हैं और अजनबियों से बात करते समय अधिक चालाकीपूर्ण तरीकों का उपयोग कर सकते हैं। इन शैलियों को समझने से न केवल आपको, बल्कि दूसरों को भी लाभ होगा। तो आइए गहराई से देखें कि प्रत्येक संचार शैली कैसे काम करती है और अन्य लोगों में समान शैलियों की पहचान करें।

मुखर संचार शैली

इस संचार शैली को व्यापक रूप से सबसे प्रभावी रूपों में से एक माना जाता है। इस दृष्टिकोण का उपयोग करने वाले किसी व्यक्ति का दृढ़ विश्वास होता है और वह उन्हें साझा करने से नहीं कतराता है; वे किसी और के विश्वास को कमतर किए बिना स्पष्ट रूप से बोलते हैं; अपने दृष्टिकोण को स्वतंत्र रूप से व्यक्त करते हुए विभिन्न दृष्टिकोणों का सम्मान करें; चर्चा के दौरान आम सहमति और समझौता करते समय वे उच्च आत्मसम्मान का प्रदर्शन करते हैं।

मुखर संचारकों को इस तथ्य से आसानी से पहचाना जा सकता है कि वे बोलते समय अक्सर "मैं" का उपयोग करते हैं। उदाहरण के लिए, वे इस तरह की बातें कह सकते हैं, "मेरा मानना है कि हमें उनके विचारों का अधिक समर्थन करने की आवश्यकता है" बजाय इसके कि: "आपको सभी दृष्टिकोणों के प्रति अधिक अनुकूल होना चाहिए"। ये व्यक्ति संचार करते समय सकारात्मक दृष्टिकोण प्रदर्शित करते हैं।

नीचे किसी मुखर संचार शैली वाले व्यक्ति के कुछ स्पष्ट संकेत दिए गए हैं: * वे आत्मविश्वास से अपनी जरूरतों और इच्छाओं को व्यक्त करते हैं।

* वे आंखों का संपर्क बनाए रखते हैं। * उचित होने पर वे 'ना' कहने से नहीं हिचकिचाते। * वे सभी को अपने विचारों में योगदान करने का समान अवसर देते हैं।

* वे "मैं" कथनों का उपयोग करते हैं।

एक मुखर वक्ता के साथ प्रभावी ढंग से संवाद करने के लिए, उन्हें अपने विचारों को स्वतंत्र रूप से व्यक्त करने की अनुमति दें और उन्हें यह व्यक्त करने की अनुमति दें कि ऐसा करने के लिए जगह मिलने पर वे कैसा महसूस करते हैं। मौका मिलने पर मुखर लोग अपने दृष्टिकोण

को स्वतंत्र रूप से साझा करते हैं, जिससे यदि आपको कुछ भ्रमित करने वाला लगता है तो उन्हें पढ़ना और व्याख्या करना अन्य शैलियों की तुलना में आसान हो जाता है; बस अपने प्रश्न पूछें! वे ख़ुशी-ख़ुशी सभी उत्तर देंगे!

आक्रामक संचार शैली

इस संचार शैली का उपयोग करने वाले लोग आक्रामक और शत्रुतापूर्ण होते हैं। बातचीत में उनका लक्ष्य हमेशा हर कीमत पर जीतना होता है और वे अक्सर मानते हैं कि बातचीत में उनका योगदान अन्य प्रतिभागियों के योगदान से कहीं अधिक है। ये लोग अपने संदेश कैसे देते हैं, इसके कारण सामग्री और संदर्भ दोनों खो जाते हैं - आक्रामक संचारक अक्सर बोलते समय डराने वाले और नीचा दिखाने वाले लहजे का इस्तेमाल करते हैं; ऐसे व्यक्ति समान शैली वाले लोगों के खिलाफ कड़ी मेहनत कर सकते हैं, जिससे बातचीत के प्रभुत्व के लिए उनके संघर्ष में खो जाने के कारण उनकी बातचीत को पढ़ना काफी चुनौतीपूर्ण हो जाता है।

नीचे कुछ संकेत दिए गए हैं जो बताते हैं कि किसी की संचार शैली आक्रामक है: * वे दूसरों के बारे में बात करने की प्रवृत्ति रखते हैं। * वे बार-बार उंगलियां उठाते हैं। * और अंततः वे भौंहें सिकोड़ लेते हैं।

* ये लोग दूसरों को डराना, नीचा दिखाना, आलोचना करना और धमकाना पसंद करते हैं। इसकी वे मांग भी कर रहे हैं और नियंत्रण भी कर रहे हैं।

* जो संचारक अपने विचारों या विचारों को आक्रामक लहजे में व्यक्त करते हैं, वे "क्योंकि मैंने ऐसा कहा था!" जैसे कथनों का उपयोग करते हैं। अपना अधिकार जताने के लिए. एक मुखर और आक्रामक संचारक के बीच प्रमुख अंतर प्रभुत्व की उनकी इच्छा है; एक मुखर संचारक निर्देशित होने के बजाय नेतृत्व करना पसंद करता है। आक्रामक शैली वाले किसी व्यक्ति से बात करते समय, बातचीत को केंद्रित और विषय पर रखने का प्रयास करें; भले ही बातचीत बंद हो जाए, तो उनके संदेश को समझने की कोशिश करते समय उनके लहज़े को ध्यान में रखने के बजाय वे क्या कह रहे हैं, इसका आकलन करके उन्हें वापस लाएँ।

निष्क्रिय संचार शैली

विनम्र संचार शैली के रूप में भी जाना जाता है, निष्क्रिय संचारक संघर्षों से बचकर और सौहार्दपूर्ण तरीके से बातचीत जारी रखकर अन्य लोगों को खुश करने पर ध्यान केंद्रित करते हैं। वे टकराव को नापसंद करते हैं और अक्सर सहमत होकर या हाँ कहकर प्रतिक्रिया देते हैं। शुरुआत में जो दिख सकता है उसके विपरीत, इस संचार शैली वाले लोग हमेशा सकारात्मक संवाद में संलग्न नहीं होते हैं - अपने दृष्टिकोण को व्यक्त करने की उनकी अप्रभावी क्षमता समय के साथ बहुत अधिक नाराजगी और नकारात्मकता पैदा कर सकती है; निष्क्रिय संचारकों को खुद को स्पष्ट रूप से अभिव्यक्त करना चुनौतीपूर्ण लगता है जबकि निष्क्रिय संचारकों के लिए उन्हें पढ़ना भी मुश्किल हो सकता है क्योंकि हम उनके विचारों को खुले तौर पर व्यक्त करते हुए मुश्किल से ही सुन पाते हैं!

यहां कुछ संकेत दिए गए हैं कि कोई व्यक्ति निष्क्रिय संचार में संलग्न है:

* वे कभी-कभार ही नज़रें मिलाते हैं।

*उनकी मुद्रा घटिया है. * उनका रवैया "प्रवाह के साथ चलने" वाला होता है।

* इस स्टाइल वाले लोगों को अक्सर ना कहने में दिक्कत होती है. इस शैली के लोगों के साथ प्रभावी ढंग से संवाद करने के लिए, कई प्रश्न पूछना और उन्हें अपने दृष्टिकोण व्यक्त करने के लिए प्रोत्साहित करना सबसे अच्छा है।

निष्क्रिय-आक्रामक संचार शैली

संचार में हर किसी का अपना-अपना धूसर रंग होता है; निष्क्रिय-आक्रामक संचार शैली कोई अपवाद नहीं है। संचार के लिए दो अलग-अलग दृष्टिकोणों का एक समामेलन, इसमें संघर्ष के किसी भी संकेत पर प्रतीक्षारत आक्रामकता के साथ निष्क्रिय व्यवहार शामिल है; ये व्यक्ति सुखद दिखाई दे सकते हैं, लेकिन सतह के नीचे काफी नाराजगी और क्रोध पा सकते हैं।

नाराजगी अक्सर गपशप, व्यंग्य, संरक्षणवादी व्यवहार या अप्रत्यक्ष टिप्पणियों और टिप्पणियों में प्रकट होती है जो अप्रत्यक्ष रूप से निराशा व्यक्त करती हैं। इस संचार शैली वाले लोग आम तौर पर अनसुलझे समस्याओं से निपटते हैं और निष्क्रिय-आक्रामक संचार शैलियों का उपयोग करके उन्हें अप्रत्यक्ष रूप से प्रदर्शित करते हैं: * वे अक्सर व्यंग्य का उपयोग करते हैं * उनके शब्द उनके कार्यों के साथ संरेखित नहीं होते हैं * वे भावनाओं को स्वीकार करने के लिए संघर्ष करते हैं

* उनके चेहरे के भाव उनकी बात से मेल नहीं खाते।

वे इस तरह के वाक्यांशों का उपयोग कर सकते हैं, "परेशान मत हो! यह सिर्फ एक मजाक था!" या, "चाहे कुछ भी हो जाए; मुझे परवाह नहीं है!" और अपने इरादों को संप्रेषित करते समय अक्सर निष्क्रिय आक्रामक या मतलबी के रूप में सामने आ सकते हैं; इस प्रकार इसकी व्याख्या करना सबसे कठिन हो गया है क्योंकि वे जो कुछ भी कहते हैं वह अनसुलझे संघर्षों और मुद्दों से आता है।

जोड़-तोड़ संचार शैली का उपयोग करने वाले लोग इस संचार शैली को अपनाने वाले लोग बातचीत के परिणाम और शब्दों के साथ अन्य लोगों के कार्यों को आकार देने के लिए धोखे और प्रभाव पर भरोसा करते हैं। उनके भाषण को डिकोड करना अक्सर मुश्किल हो सकता है क्योंकि उनके द्वारा बोला गया हर शब्द उस चीज़ से प्रेरित लगता है जिसे वे हासिल करने की उम्मीद कर रहे हैं; उनके सच्चे इरादे अक्सर धोखे या चालाकी की परतों के नीचे छिपे रहते हैं; ये लोग अक्सर संरक्षण देते हुए दिखाई दे सकते हैं और जब तक आप उनकी बातों से सहमत नहीं हो जाते, तब तक वे अपनी पूरी कोशिश करेंगे।

निम्नलिखित कुछ संकेत हैं कि आप किसी व्यक्ति के साथ चालाकी भरी शैली में बात कर रहे हैं: * वे आम तौर पर बहुत दृढ़ विश्वास के साथ बयान देते हैं। * परस्पर विरोधी दृष्टिकोणों का सामना होने पर वे अच्छी प्रतिक्रिया नहीं देते हैं। * वे आपकी निगाहों को अधिक समय तक रोके रखते हैं।

* वे बोलते समय हाथ के इशारों का उपयोग करते हैं।

इन वक्ताओं के साथ बातचीत करते समय समान मात्रा में धैर्य और शांति का प्रदर्शन करना चाहिए। दृढ़ रहकर लेकिन अपने विश्वासों पर दृढ़ रहकर भावनात्मक रूप से प्रतिक्रिया न करने का प्रयास करें; उनके विचारों को अपने विचारों पर हावी न होने दें, लेकिन असहमत भी न हों, अन्यथा वे खुद को अलग-थलग कर लेंगे। संचार शैली किसी व्यक्ति के बारे में बहुत कुछ बताती है; निःसंदेह वे इस पर निर्भर करते हैं कि कोई किसके साथ संचार कर रहा है; इन शैलियों पर बारीकी से ध्यान देकर आप प्रतिक्रियाओं को उचित रूप से तैयार कर सकते हैं और लोगों को अधिक अच्छी तरह से समझने में अधिक अंतर्दृष्टि प्राप्त कर सकते हैं

अध्याय 7: संस्कृति को समझना

संस्कृति कई अलग-अलग तत्वों के एक साथ आने का परिणाम है: परंपराएं, लोकगीत, अनुष्ठान, भाषा का उपयोग, जीवनशैली विकल्प और विश्वास - ये सभी हमारे एक-दूसरे से संवाद करने और समझने के तरीके को आकार देने में योगदान करते हैं। संस्कृति केवल भौगोलिक रूप से अस्तित्व में नहीं है - एक रिश्ते में दो लोग समय के साथ अपनी अलग संस्कृति विकसित करते हैं क्योंकि उनका संचार, भाषा का उपयोग और अनुष्ठान इसे प्रभावित करते हैं और इसे आगे आकार देते हैं - ठीक उसी तरह जैसे विभिन्न व्यवसाय, क्षेत्र या सभी प्रकार के रिश्ते भी करते हैं!

किसी को समझने की कोशिश करते समय, आपको उनकी संस्कृति की समझ भी हासिल करनी चाहिए। यह जानना कि कोई व्यक्ति कहाँ से है; उनकी मान्यताएँ और आदतें; साथ ही कोई भी व्यक्तिगत अनुष्ठान या रीति-रिवाज जो उन्हें विशेष बनाता है, उस व्यक्ति के लिए सहानुभूति विकसित करने में महत्वपूर्ण है।

कुछ नियमों और रीति-रिवाजों का पालन करने के आदी लोग विविध अनुष्ठानों वाले लोगों से अलग तरह से बातचीत करते हैं। कोई व्यक्ति ऐसी बैठकों में भाग लेने का आदी है जहां कोई समय पर नहीं पहुंचता है, तो वह इसके महत्व की उतनी सराहना नहीं करेगा, जिससे उन्हें विश्वास हो जाएगा कि समय प्रबंधन कौशल की कमी सांस्कृतिक अनुकूलन के बजाय अनुशासन के मुद्दों के कारण है।

कुछ शैलियों, भाषाओं और संचार के रूपों की विशेषता वाली संस्कृति से आने वाला व्यक्ति अपनी संस्कृति के बाहर के किसी व्यक्ति के साथ संचार करते समय संभवतः इन प्रभावों को अपने साथ लाएगा।

लोगों को पढ़ने की कोशिश करने वाले एक पर्यवेक्षक के रूप में, आपको उनकी सांस्कृतिक पृष्ठभूमि पर बारीकी से ध्यान देना चाहिए। ध्यान रखें कि इसमें न केवल उनका धर्म और जातीयता शामिल है, बल्कि कोई भी अतिरिक्त छोटी संस्कृतियाँ भी शामिल हैं जो विशिष्ट समुदायों, संगठनों या अन्य प्रभावों से संबंधित होने के कारण विकसित हुई हों।

संचार और संस्कृतियाँ अन्योन्याश्रित हैं। संस्कृति व्यक्तियों के बीच बातचीत के माध्यम से उभरती है जो समाज को समग्र रूप से आकार देने वाले पैटर्न, कानूनों, नियमों और अनुष्ठानों का निर्माण करने के लिए आपसी संचार को बढ़ावा देती है। हमारा संचार संस्कृति की रीढ़ है जो लगातार वैश्विक संचार के माध्यम से विकसित होता है जो एक दैनिक आवश्यकता बन गया है।

विभिन्न संस्कृतियों और नस्लों के लोग अक्सर विभिन्न तरीकों से बातचीत करते हैं।

संस्कृति आज अस्तित्व और कार्य करने के केवल एक तरीके से कहीं अधिक को शामिल करने लगी है; इस पर निर्भर करते हुए कि कोई समुदाय या समाज सामाजिक या व्यावसायिक रूप से किसके साथ संपर्क करता है, उस स्थान के भीतर विभिन्न संस्कृतियाँ और अनुष्ठान हो सकते हैं।

इस प्रकार, लोगों को पढ़ना और समझना समान रूप से आसान और अधिक चुनौतीपूर्ण होता जा रहा है। एक दूसरे को बेहतर ढंग से समझने के लिए हमें धारणाओं को तोड़ना होगा और ऐसे स्थान बनाने होंगे जो एक ही छत के नीचे विभिन्न मान्यताओं, नियमों और अनुष्ठानों के लिए जगह प्रदान करें। हालाँकि, विभिन्न संस्कृतियों के लोगों से संवाद करने और उन्हें समझने में विशिष्ट चुनौतियों का सामना करना पड़ सकता है, जैसे:

लोग अलग-अलग तरीके से संवाद करते हैं। हमारी भाषाएँ भिन्न-भिन्न होती हैं और हमारे द्वारा उपयोग किए जाने वाले शब्द और वाक्यांश भी भिन्न-भिन्न होते हैं। यहां तक कि "आप जो चाहते हैं" जैसे सीधे लगने वाले वाक्यांशों की भी संस्कृतियों में अलग-अलग व्याख्याएं हो सकती हैं; थम्स-अप या तो सकारात्मक या आपत्तिजनक हो सकता है, यह इस बात पर निर्भर करता है कि यह किसे दिया गया है। बैठने की व्यवस्था से लेकर व्यक्तियों के बीच दूरी के अंतर तक, हर चीज़ को दुनिया भर के देशों में अलग-अलग तरीके से समझा जाता है।

हर कोई संघर्ष को एक ही तरह से नहीं संभालता; कुछ लोग इसे उत्पादक निष्कर्ष तक पहंचने के साधन के रूप में देख सकते हैं जबकि अन्य इसे चुनौती के रूप में देख सकते हैं। विभिन्न संस्कृतियों में संचार करते समय, आपको अन्य लोगों की भावनाओं के प्रति संवेदनशील होना चाहिए और इस बात पर पूरा ध्यान देना चाहिए कि वे आपके या इसमें शामिल अन्य पक्षों द्वारा किए गए विशिष्ट कार्यों पर कैसे प्रतिक्रिया करते हैं।

व्यक्तिगत स्थान का सम्मान करें. कोविड-19 ने भले ही हमें सामाजिक दूरी विकसित करने के लिए मजबूर किया है, लेकिन अन्य संस्कृतियां शारीरिक संपर्क और निकटता को भी स्वीकार नहीं करती हैं। लोगों को सटीक रूप से पढ़ने की कोशिश करते समय, इन विशिष्टताओं से सावधान रहें और किसी के बहुत करीब जाकर या खुद को बहुत जल्दी मजबूर करके किसी के व्यक्तिगत स्थान का उल्लंघन न करने का प्रयास करें।

इस विशाल विविधतापूर्ण दुनिया में रहने वाले लोगों के रूप में, हम अस्तित्व और पूर्ति के लिए एक-दूसरे पर निर्भर हैं। इस आवश्यकता को प्रभावी ढंग से पूरा करने के लिए, यह महत्वपूर्ण है कि हम एक-दूसरे की सांस्कृतिक भिन्नताओं और सीमाओं का ध्यान रखें। आप किसी के शब्दों और कार्यों को किस चीज़ ने आकार दिया है, यह समझे बिना उसे सटीक रूप से पढ़ने की उम्मीद नहीं कर सकते; कोई जो कहता है वह उनके जीवन के सभी विश्वासों और अनुभवों को प्रतिबिंबित कर सकता है - दयालुता दिखाने से हम सभी के बीच संबंधों को मजबूत करने में काफी मदद मिल सकती है।

भाग दो: पढ़ने वाले लोगों का मनोविज्ञान

किसी मित्र के साथ बातचीत में शामिल होने के बाद, आपको अचानक एहसास होता है कि उन्होंने महत्वपूर्ण रूप से प्रतिक्रिया देना बंद कर दिया है और आप जो भी कहते हैं, उसके लिए अपनी ओर से अधिक जानकारी दिए बिना सिर हिला देते हैं। उस क्षण, आप चाहते हैं कि आप जानते हों कि उनके मूड को सटीक रूप से कैसे पढ़ा जाए - कुछ ऐसा जिसके लिए धैर्य और समझ की आवश्यकता होती है; फिर भी निश्चित रूप से प्राप्त करने योग्य!

लोगों को पढ़ने से आपका उनके प्रति दृष्टिकोण बदल सकता है और इसके विपरीत भी। लोगों की भावनाओं और ज़रूरतों को समझने से आप उचित तरीके से प्रतिक्रिया दे सकते हैं और रिश्तों को गहरा कर सकते हैं। लोगों के साथ अधिक गहराई से जुड़ने के लिए संचार शैलियों और स्वरों को समायोजित करना। हालाँकि, लोगों को पढ़ने का प्रयास करते समय आपको किस पर ध्यान केंद्रित करना चाहिए? यह समझना कि वे जिस तरह से कार्य करते हैं वह मानव मनोविज्ञान में अंतर्दृष्टि प्रदान कर सकता है; यह अनुभाग बिल्कुल यही कवर करेगा!

भाग दो सदियों के शोध, वैज्ञानिक निष्कर्षों और मानव स्वभाव की परीक्षा के माध्यम से मानव मन को समझने पर केंद्रित है। हम विभिन्न सिद्धांतों को कवर करते हैं जो विभिन्न व्यक्तित्व प्रकारों और बुनियादी मानवीय आवश्यकताओं को उजागर करने में मदद करते हैं जो लोगों के विचार पैटर्न और व्यवहार को प्रेरित करते हैं - ज्ञान जो जीवन के सभी क्षेत्रों के विभिन्न लोगों के साथ व्यवहार करते समय अमूल्य साबित होगा।

अध्याय 8: वह खोजें जो दूसरों को प्रेरित करती है

क्या आपने इस पर विचार किया है कि लोगों को क्या प्रेरित करता है क्या आपने कभी इस पर विचार किया है कि दैनिक प्रेरणाओं और इच्छाओं के संदर्भ में दूसरों को और स्वयं को क्या प्रेरित करता है? क्या आपने उनकी प्रेरक शक्तियाँ निर्धारित की हैं? क्या आपने कभी सोचा है कि कौन सी चीज़ आपको प्रेरित करती है? जो चीज़ आपकी दौड़-धूप को चलाती है, वह संभवतः दूसरों को भी चला रही है।

आपको जीवन में क्या प्रेरित करता है?

इस मिलियन-डॉलर के प्रश्न को समझने से आपके और आपके निकटतम लोगों दोनों के लिए एक नाटकीय अंतर आ सकता है - प्रेरणा वह शक्ति है जो हर चीज को मजबूती से अपनी जगह पर रखती है।

यह पता लगाना कि लोगों को क्या प्रेरित करता है, उन्हें समझने की कुंजी है, फिर भी हर किसी के अलग होने के कारण यह मुश्किल हो सकता है। किसी का अतीत और वर्तमान उनके लक्ष्यों को प्रभावित करता है जो उन्हें रास्ते में आने वाली कठिनाइयों के बावजूद जीवन में आगे बढ़ने के लिए प्रेरित करता है।

इसलिए यह पूरी तरह से समझने के लिए कि लोगों को क्या प्रेरित करता है, उन्हें व्यक्तिगत रूप से जानना आवश्यक है। लोगों से सीधे मिलने और अंतरंग स्तर पर जुड़ने के माध्यम से, आप उनके पिछले अनुभवों, उनके द्वारा पार किए गए संघर्षों, उनके जीवन के प्रमुख लोगों और किसी भी सपने या लक्ष्य के बारे में जान सकते हैं जिसे वे जीवन में पूरा करने की उम्मीद करते हैं - ऐसी जानकारी जो आपको अनुमति देगी उनके व्यक्तित्व को एक साथ जोड़ें जो जीवन में उनकी प्रेरक शक्ति को प्रकट करता है।

शोधकर्ताओं और मनोवैज्ञानिकों के अनुसार, सभी लोग तीन सार्वभौमिक ज़रूरतों के साथ पैदा होते हैं जो उन्हें प्रेरित करती हैं:

1. स्वतंत्रता - व्यक्तिगत चुनाव करने की प्रेरणा - सर्वोपरि है, जबकि 2. दक्षता किसी चीज़ के लिए पहचाने जाने के लिए प्रेरणा प्रदान करती है।

3. जुड़ाव की आवश्यकता - दूसरों द्वारा मूल्यवान महसूस करने की इच्छा [3]

इसलिए, परिवर्तन के लिए किसी की प्रेरणाओं को समझने का प्रयास करते समय, बातचीत में उनके द्वारा उठाए गए विषयों पर बारीकी से ध्यान दें। क्या उनकी प्रेरक शक्ति मामलों, वित्त और उनके जीवन के अन्य पहलुओं पर नियंत्रण की उनकी इच्छा है; या अधिक प्रतिस्पर्धी कैरियर लक्ष्यों के साथ कार्यस्थल पर उच्च पद प्राप्त करने की उनकी इच्छा; या शायद यह केवल उनके जीवन में मौजूद लोगों के लिए उपलब्ध और मौजूद होना है: दोस्त, सहकर्मी या परिवार?

उनके साथ बात करने से यह संकेत मिलेगा कि उन्हें क्या प्रेरित करता है। ये तीन बुनियादी प्रवृत्तियाँ प्रेरणा प्रदान कर सकती हैं; हालाँकि, अन्य ताकतें भी हैं जो व्यक्तियों में प्रेरणा जगाती हैं।

कुछ व्यक्ति प्रसिद्धि और शक्ति का पुरस्कार लेते हैं। जब आप राजनेताओं, व्यापार मालिकों या यूनियन काउंसिल के नेताओं जैसे उच्च-शक्ति वाले लोगों को राजनीति या यूनियन काउंसिल की सदस्यता जैसे पदों पर देखते हैं, तो वे संभवतः अपने कैरियर की सीढ़ी में आगे बढ़ने के लिए प्रेरित होते हैं। अन्य लोग किसी संस्था या देश के भीतर नेतृत्व की भूमिका

निभाकर सेवा वितरण या सुविधाओं के प्रबंधन जैसी चीजों में सुधार लाने वाली पहलों के माध्यम से बदलाव लाकर प्रेरणा पाते हैं।

इस प्रेरणा को कोई न केवल उनके भाषण और कार्यों के माध्यम से देख सकता है, बल्कि उनके कार्य करने के तरीके में भी देख सकता है। इस प्रकार के व्यक्तियों से जुड़ने के लिए प्रत्यक्ष, तथ्यात्मक और तार्किक बनें। वे अपने समय को अत्यधिक महत्व देते हैं; इसलिए यदि आप उनके समय का भी सम्मान करेंगे तो वे आपका सम्मान करेंगे।

जहां कुछ व्यक्ति बाहरी ताकतों से प्रेरित होते हैं, वहीं अन्य लोग जुनून जैसे आंतरिक कारकों में प्रेरणा पाते हैं। इसमें दुनिया की यात्रा करना या किसी ऐसी चीज़ की ओर काम करना शामिल हो सकता है जिससे दूसरों को लाभ हो; उन विषयों पर चर्चा करते समय लोगों की आंखें चमक उठती हैं जो उनके जुनून को उत्तेजित करते हैं; अक्सर बड़े लक्ष्यों के लिए नींद, खाली समय या स्वास्थ्य का त्याग करना पड़ता है।

जैसे ही आप किसी ऐसे व्यक्ति से जुड़ते हैं जिसका जुनून उनके कार्यों को प्रेरित करता है, भावनात्मक बंधन बनाना आसान हो जाना चाहिए। लोगों के प्रभावों को समझने से यह अनुमान लगाना समाप्त हो जाता है कि उन्हें सर्वोत्तम तरीके से कैसे समझा जाए।

आवश्यकताओं का मैस्लो का पदानुक्रम)
मानव मन और भावनाओं को बेहतर ढंग से समझने के लिए, अब्राहम मास्लो (एक अमेरिकी मनोवैज्ञानिक) ने आवश्यकताओं के पदानुक्रम का एक सिद्धांत विकसित किया जो लोगों के लिए प्रेरणा चालकों के रूप में बुनियादी जरूरतों को दर्शाता है। इस सिद्धांत में पिरामिड प्रतिनिधित्व में पाँच स्तर शामिल हैं।

एक बार बुनियादी जरूरतें पूरी हो जाने के बाद, व्यक्ति अंतिम संतुष्टि तक पहुंचने और अपने पिरामिड के उच्चतम स्तर तक पहुंचने तक अतिरिक्त स्तरों को पूरा करने पर ध्यान केंद्रित करता है।

मास्लो का मानना था कि लोगों को अधिक जटिल आवश्यकताओं की ओर बढ़ने से पहले अपनी बुनियादी आवश्यकताओं को पूरा करने के लिए प्रेरित किया गया था।[4]

आइए इस बात की बेहतर समझ हासिल करने के लिए पदानुक्रम के इन पांच स्तरों का विश्लेषण करें कि जीवन में व्यक्तियों को उनके प्रयासों में आगे बढ़ने के लिए क्या प्रेरित करता है।

स्तर I: छात्रों की शारीरिक आवश्यकताएँ

ये बुनियादी ज़रूरतें मानव अस्तित्व के लिए आवश्यक हैं और इसमें शामिल हैं:
* पानी >> भोजन.4वस्त्र वस्त्र और आश्रय.
* आराम
पिरामिड के आधार पर ये ज़रूरतें निहित हैं जो जीवन या मृत्यु का निर्धारण करती हैं। यहां तक कि मजबूत रिश्तों और आत्मविश्वास के साथ भी, जीवित रहने के लिए भोजन के बिना आपका अस्तित्व खतरे में होगा - जैसा कि आपके रिश्ते भी होंगे क्योंकि आपकी बुनियादी ज़रूरतें पूरी नहीं होंगी, आप संभवतः उस शून्य को भरने के लिए अन्य स्रोतों की तलाश करेंगे - जैसे कि एक चौकोर छेद को भरने की कोशिश करना गोल खूंटियों के साथ!

मास्लो की आवश्यकताओं के पदानुक्रम का स्तर दो एक बार जब हम मास्लो की आवश्यकताओं की सीढ़ी पर आगे बढ़ते हैं, तो सुरक्षा और सुरक्षा उन लोगों के लिए सर्वोच्च प्राथमिकता बन जाती है जिनकी शारीरिक ज़रूरतें पहले ही पूरी हो चुकी हैं। ये ज़रूरतें जीवन में नियंत्रण और व्यवस्था की इच्छा से उत्पन्न होती हैं और इसमें शामिल हैं: * स्वास्थ्य और कल्याण * वित्तीय स्थिरता प्रारंभ में इन चिंताओं का केवल सीमित आकर्षण हो सकता है लेकिन जैसे-जैसे आप मास्लो के पिरामिड को आगे बढ़ाते हैं, वे सर्वोपरि विचार बन जाते हैं, जैसे कि उन लोगों के लिए जिनकी शारीरिक ज़रूरतें पहले ही संतुष्ट हो चुके हैं
* चोटों और दुर्घटनाओं से सुरक्षा ये ज़रूरतें व्यक्तियों को उन्नति की संभावना के साथ अच्छा रोजगार प्राप्त करने, सुरक्षित स्वास्थ्य बीमा, बचत खातों में योगदान करने और चोरी और हिंसा से सुरक्षा के लिए सुरक्षित पड़ोस में रहने के लिए मजबूर करती हैं।

मास्लो ने अपने पदानुक्रम के स्तर 3 का वर्णन इस प्रकार किया है जिसमें प्रेम और अपनेपन की आवश्यकताएं शामिल हैं। इन सामाजिक ज़रूरतों में अपनापन, स्वीकृति और प्यार शामिल हैं - भावनात्मक ज़रूरतें जो पारस्परिक संबंधों और जुड़ावों जैसे रोमांटिक रिश्तों, दोस्ती, सामाजिक सेटिंग्स या सामुदायिक समूहों से मेल खाती हैं जो इन प्रवृत्तियों को संतुष्ट करती हैं।
*धार्मिक संगठन
दूसरों द्वारा प्यार और सराहना महसूस करना अकेलेपन, चिंता, अवसाद और उदासी की भावनाओं से निपटने की कुंजी है। लगाव सार्थक उद्देश्य प्रदान करके जीवन में अपनेपन की भावना पैदा करता है - मानव विकास के इस चरण में मानव आचरण को प्रेरित करने के लिए एक भावनात्मक बंधन बेहद महत्वपूर्ण है।

जैसे-जैसे हम मास्लो की आवश्यकताओं के पदानुक्रम में आगे बढ़ते हैं, आवश्यकताएँ और अधिक जटिल होती जाती हैं। इस स्तर पर, लोगों में सम्मान की ज़रूरतें प्राथमिक प्रेरक हैं - सम्मान और प्रशंसा की उनकी इच्छा को शामिल करना ही सब कुछ को बढ़ावा देता है! लोग अपना अधिक समय और प्रयास खेल गतिविधियों, पेशेवर उपलब्धियों, शैक्षणिक सफलताओं या किसी अन्य माध्यम से समर्पित करते हैं जो आत्म-सम्मान की आवश्यकताओं को पूरा करने में योगदान करते हैं।

इस स्तर पर लोग यह महसूस करना चाहते हैं कि वे समाज में सार्थक योगदान दे रहे हैं और मूल्यवान सदस्य हैं। प्राप्त खुशी का अर्थ है स्वयं से संतुष्ट होना, जो बदले में अपने आस-पास दूसरों को सशक्त बनाता है। दूसरों के जीवन में सकारात्मक प्रभाव अन्य जीवन को बेहतर बनाने के लिए मान्यता के महत्वपूर्ण स्रोत बन जाते हैं।

इस स्तर की जरूरतों को पूरा करने में असमर्थ लोगों में अक्सर हीन भावना विकसित हो जाती है और वे कम आत्मसम्मान के मुद्दों के प्रति संवेदनशील होते हैं; परिणामस्वरूप, उनका मानना है कि वे किसी रिश्ते में नहीं हैं और उनके बिना अन्य लोग बेहतर रहेंगे। यह बदले में पारस्परिक संबंधों को नकारात्मक रूप से प्रभावित करता है क्योंकि हीनता की ये भावनाएँ क्षति का कारण बनती हैं और परिणामस्वरूप पारस्परिक संबंधों को नुकसान पहुँचाती हैं।

हालाँकि, उच्चतम स्तर पर आने वाली ज़रूरतें भी जीवन की समग्र गुणवत्ता पर प्रभावशाली प्रभाव डाल सकती हैं।

स्तर 5: आत्म-साक्षात्कार की आवश्यकताएँ

एक बार जब किसी व्यक्ति की बुनियादी ज़रूरतें पूरी हो जाती हैं, तो वे अपने भीतर की खोज करके और व्यक्तिगत विकास के लिए अपनी प्रतिभा को लागू करके आत्म-प्राप्ति की ज़रूरतों को पूरा करने के लिए आगे बढ़ सकते हैं। इस स्तर पर, आपका अंतिम लक्ष्य पूर्ति के गहरे स्तर को प्राप्त करना होना चाहिए जो आपके पूरे जीवनकाल तक रहेगा।

किन्हीं दो लोगों के अपने आदर्श स्व के बारे में विचार एक जैसे नहीं होते, जो उनके कार्यों को प्रभावित करते हैं। कुछ लोग अधिक पैसा कमाने पर ध्यान केंद्रित करते हैं; अन्य लोग रचनात्मक क्षेत्रों में प्रभाव छोड़ने या सामुदायिक सेवाओं के लिए स्वयंसेवक बनने का प्रयास करते हैं; फिर भी अन्य लोग आत्म-विकास या वापस देने के माध्यम से आंतरिक संतुष्टि चाहते हैं। हर कोई इस परम संतुष्टि तक पहंचने की इच्छा रखता है लेकिन असफलताएं अक्सर प्रगति को बाधित करती हैं - कई व्यक्ति अंततः संतुष्टि के इस स्तर पर पहुंचने से पहले पिरामिड में आगे बढ़ते हैं।

मास्लो ने इस सर्वोच्च स्तर को "विकास आवश्यकताओं" के रूप में पहचाना जबकि चार निचले स्तरों को "अपूर्ण आवश्यकताओं" के रूप में पहचाना। अपर्याप्त आवश्यकताओं को पूरा करने का प्रयास करते समय, ऐसे पहलू उत्पन्न हो सकते हैं जो भोजन की कमी, वित्तीय तनाव या अलगाव की भावना जैसे विभिन्न पहलुओं में अभाव का कारण बनते हैं। मास्लो की आवश्यकताओं के पदानुक्रम में प्रत्येक स्तर को ऊपर ले जाकर, एक समय में एक कदम बढ़ाकर नाखुशी को समाप्त किया जा सकता है।

इसके विपरीत, यदि आपकी स्तर पाँच की ज़रूरतें पूरी नहीं होती हैं, तो वे भोजन, वित्त या सुरक्षा के मामले में तत्काल कठिनाई का कारण नहीं बनेंगी; बल्कि वे एक व्यक्ति के रूप में

खुद को और अधिक विकसित करने की आपकी इच्छा से उत्पन्न होते हैं और आपकी खुशी के स्तर पर गहरा हानिकारक प्रभाव डाल सकते हैं।

मास्लो का सिद्धांत अक्सर खुद को एक कठोर पदानुक्रम के रूप में चित्रित करता है; हालाँकि, कई लोगों ने देखा है कि इसकी पूर्ति किसी की व्यक्तिगत जरूरतों के आधार पर अटूट प्रगति का अनुसरण नहीं करती है। उदाहरण के लिए, कुछ लोग प्यार और स्वीकृति की ज़रूरतों पर आत्म-सम्मान की ज़रूरतों को प्राथमिकता दे सकते हैं, या शायद रचनात्मक उपलब्धि पूरी तरह से बुनियादी ज़रूरतों पर भी हावी हो जाती है; यह सब किसी व्यक्ति की प्राथमिकताओं पर निर्भर करता है।

मास्लो का आवश्यकताओं का सिद्धांत पाँच मुख्य आवश्यकताएँ प्रदान करता है जिनमें व्यवहारिक प्रेरणा शामिल है। यह समझकर कि कोई व्यक्ति पिरामिड के किस चरण में गिरता है, आप उन्हें बेहतर ढंग से समझ सकते हैं और प्रभावी ढंग से संवाद कर सकते हैं।

अध्याय 9: लोगों को समझना

टी को विज्ञान कहा जाता है क्योंकि मानव व्यवहार जैसी जटिल चीज़ को समझने के लिए मन और व्यवहार के सावधानीपूर्वक विश्लेषण की आवश्यकता होती है। ऐसे अध्ययनों का विश्लेषण आपको न केवल लोगों के साथ सहानुभूति रखने के लिए उपकरण प्रदान करता है बल्कि जब वे क्रोधित, उदास, खुश या किसी अन्य भावना का अनुभव करते हैं तो उचित प्रतिक्रिया देते हैं।

क्या आपने कभी जंग के चार मनोवैज्ञानिक कार्यों के सिद्धांत पर विचार किया है क्या आपने कभी खुद को यह सवाल करते हुए पाया है कि क्यों कुछ लोग बड़े सामाजिक समारोहों में घर पर अधिक सहज दिखते हैं जबकि अन्य लोग छोटी अंतरंग सेटिंग में रखे जाने पर अधिक फलते-फूलते हैं? क्या आपने सोचा है कि क्यों कुछ लोग मनोरंजन के लिए हमेशा तैयार रहते हैं जबकि अन्य लोग आग के पास एक किताब के साथ आत्मविश्लेषणात्मक रात बिताने के लिए उत्सुक रहते हैं?

चूँकि प्रत्येक व्यक्ति की सचेतन ऊर्जा और रुचियाँ उनके व्यक्तिगत मनोवैज्ञानिक अनुभवों और पर्यावरणीय प्रभावों के आधार पर अलग-अलग दिशाओं में प्रवाहित होती हैं, इस सिद्धांत को स्विस मनोविश्लेषक और मनोवैज्ञानिक कार्ल जंग द्वारा सामने रखा गया था। उनके अनुसार, कुछ दृष्टिकोण और कार्य व्यक्तित्व में विरोधी प्रवृत्तियों के रूप में हावी होते हैं जो इसके प्रमुख व्यक्तित्व प्रकार को निर्धारित करते हैं; ये दिशाएँ उसके दृष्टिकोण के प्रकार को निर्धारित करती हैं: अंतर्मुखता या बहिर्मुखता।

जंग ने कहा कि प्रमुख दृष्टिकोण या कार्य मानव चेतना का हिस्सा बन जाते हैं जबकि उनके विपरीत अचेतन व्यक्तित्व विशेषताओं का प्रतिनिधित्व करते हैं; ऐसी प्रवृत्तियाँ अक्सर तनाव में या सपनों के माध्यम से सामने आती हैं।

इससे पहले कि हम जंग के चार मनोवैज्ञानिक कार्यों के सिद्धांत का पता लगाएं, आइए उनके द्वारा वर्णित दो व्यक्तित्व दृष्टिकोणों पर एक नज़र डालें जो इसकी नींव बनाते हैं।

अंतर्मुखता बनाम बहिर्मुखता--दृष्टिकोण का टूटना

अंतर्मुखता और बहिर्मुखता एक दृष्टिकोण स्पेक्ट्रम के विपरीत छोर का प्रतिनिधित्व करते हैं, जो इस बात से निर्धारित होता है कि कोई व्यक्ति अपनी ऊर्जा कैसे खर्च करता है। बाहरी कारकों के प्रति व्यक्ति का रुझान भी एक भूमिका निभाता है।

अंतर्मुखी लोग अपनी ऊर्जा को वस्तुओं से हटा लेते हैं और यह सुनिश्चित करते हैं कि बाहरी प्रभाव उन पर शक्ति न डालें; दूसरी ओर बहिर्मुखी लोग इन वस्तुओं के साथ सक्रिय संबंध बनाने के प्रयास में ऊर्जा का विस्तार करते हैं। परिभाषा के अनुसार, अंतर्मुखी लोग आंतरिक दुनिया पर ध्यान केंद्रित करते हैं जबकि बहिर्मुखी लोग बाहरी वातावरण पर अधिक ध्यान केंद्रित करते हैं - मनोवैज्ञानिक आज जंग के सिद्धांत से सहमत हैं कि ये स्वभाव आनुवंशिक रूप से प्रसारित हो सकते हैं।

जंग के सिद्धांत में कहा गया है कि हम अपने प्रमुख व्यक्तित्व दृष्टिकोण के आधार पर चार अलग-अलग तरीकों से प्रतिक्रिया करते हैं: सोच, संवेदना, अंतर्ज्ञान और भावना।

उन्होंने इन कार्यों को दो अलग-अलग समूहों में विभाजित किया: तर्कसंगत (सोच और संवेदना) और तर्कहीन (अंतर्ज्ञान और भावना)।

अंतर्मुखता और बहिर्मुखता को अलग-अलग करके नहीं समझा जा सकता; बल्कि किसी व्यक्ति के व्यक्तित्व की पूरी तस्वीर बनाने के लिए उन्हें इन चार कार्यों के संदर्भ में देखा जाना चाहिए। यह सिद्धांत मानव टाइपोलॉजी की जटिलता को प्रदर्शित करने का प्रयास करता है।

जंग का सिद्धांत मानता है कि बाहरी परिस्थितियों के आधार पर सभी चार कार्य अलग-अलग समय पर प्रभावी हो सकते हैं; फिर भी एक कार्य आम तौर पर जन्मजात प्रवृत्तियों या विकासात्मक कारकों के कारण सामने आता है - जुंगियन सिद्धांत उनका वर्णन इस प्रकार करता है।

सोच: मूल्यांकन का यह रूप अनुभवों की सच्चाई या झूठ का आकलन करने, तर्क हस्तक्षेप और विश्लेषण के माध्यम से वास्तविकता का विश्लेषण करने और सूचित निर्णय लेने के लिए वस्तुओं के बीच तर्क और वैचारिक अन्योन्याश्रितता पर निर्भर करता है। इस प्रक्रिया में व्यवस्थित और तर्कसंगत विचार शामिल हैं क्योंकि यह व्यवस्थित परस्पर क्रिया और जांच के माध्यम से वास्तविकता को समझने में मदद करता है।

संवेदना: यह फ़ंक्शन किसी तार्किक मूल्यांकन या तर्क के बिना किसी अनुभव को सौंपे गए सौंदर्य मूल्य का प्रतिनिधित्व करता है; इसके बजाय, बिना किसी हिचकिचाहट के चीजें कैसे दिखाई देती हैं, उसके आधार पर संवेदनाओं को समझा जाता है; संदर्भ, अर्थ, निहितार्थ या वैकल्पिक व्याख्या जैसी कोई भी अवधारणा इसके दायरे से बाहर है और जानकारी को ठीक उसी तरह प्रस्तुत करती है जैसी वह इंद्रियों को दिखाई देती है।

अंतर्ज्ञान: सहज ज्ञान युक्त कार्य विस्तृत विश्लेषण या तार्किक निष्कर्ष के बजाय हमारी आंतरिक वृत्ति या स्थितियों की सामान्य धारणा पर केंद्रित है। अंतर्ज्ञान परिस्थितियों, रिश्तों और स्थितियों में छिपी संभावनाओं की अपनी समझ के माध्यम से दिशा प्रदान करता है, बिना किसी प्रमाण या प्रमाण के। स्थितियों को सहजता से पढ़कर घटनाओं में अर्थ जोड़ना, साथ ही ऐसे पैटर्न चुनना जो तुरंत कम ध्यान देने योग्य हो सकते हैं, इस फ़ंक्शन का हिस्सा है।

भावना: भावना एक भावनात्मक कार्य है जिसमें किसी के पूर्वाग्रहों, पसंद और नापसंद के आधार पर स्थिति का मूल्यांकन करना शामिल है। निर्णय पिछले अनुभवों के आधार पर लिए जाते हैं जो समान स्थितियों के बारे में भावनाओं को प्रभावित करते हैं - जो हमेशा व्यक्तिपरक होता है।

जंग के चार मनोवैज्ञानिक कार्यों का सिद्धांत तर्कसंगत और तर्कहीन कार्यों को स्पेक्ट्रम के विपरीत छोर पर रखता है (यानी, भावना विपरीत सोच है और अंतर्ज्ञान विपरीत संवेदना है), ताकि यदि संवेदना आपका प्रमुख कार्य है तो अंतर्ज्ञान आपके माध्यमिक कार्यों में शामिल नहीं होगा; बल्कि सोच और भावना सक्रिय निर्णय निर्माता बने रहेंगे जो अनजाने में निर्णय लेने की प्रक्रियाओं में शामिल होंगे।

इसी तरह का तर्क व्यक्तित्व लक्षणों (अंतर्मुखता और बहिर्मुखता) पर भी लागू होता है। यदि आपकी प्रमुख सोच का तरीका अंतर्मुखी है, तो संभावना है कि आपकी अवचेतन भावना का तरीका बहिर्मुखी होगा।

लोगों को अक्सर अपने माध्यमिक कार्यों का प्रभावी ढंग से उपयोग करना चुनौतीपूर्ण लगता है, लेकिन अभ्यास और अपने कार्यों के बारे में जागरूकता के माध्यम से आप इन अचेतन क्षमताओं को जागरूक विचार पैटर्न में बढ़ा सकते हैं।

लोगों को पढ़ना यह जानकर किया जा सकता है कि क्या उनके प्रमुख कार्य अंतर्मुखी या बहिर्मुखी होने की ओर झुकते हैं, जिसका अनुमान आप उनकी सामाजिक प्राथमिकताओं, अभिव्यक्ति या सामाजिक दायरे जैसे सामान्य संकेतों के माध्यम से लगा सकते हैं। एक बार यह जानकारी स्थापित हो जाने के बाद आप अनुमान लगा सकते हैं कि निर्णय लेते समय वे आम तौर पर किस कार्य का उपयोग करते हैं।

1970 के दशक से, मनोचिकित्सकों ने व्यक्तियों की विशेषताओं और लक्षणों की पहचान करने के लिए एनीग्राम व्यक्तित्व सिद्धांत का उपयोग किया है। इसमें एक नौ-बिंदु आरेख शामिल है जिसमें प्रत्येक बिंदु एक व्यक्तित्व प्रकार का प्रतिनिधित्व करता है जो इस बात से मेल खाता है कि लोग अपने और दूसरों के प्रति कैसे सोचते हैं, महसूस करते हैं और कार्य करते हैं। प्रत्येक बिंदु के भीतर 27 उपप्रकार हैं जिनमें तीन प्रमुख केंद्र भावना, क्रिया और विचार का प्रतिनिधित्व करते हैं जो विभिन्न वातावरणों में हमारे व्यवहार को प्रभावित करते हैं, अंततः हमारी अंतर्निहित प्रेरणाओं द्वारा निर्धारित होते हैं।

किसी व्यक्ति के व्यक्तित्व को बेहतर ढंग से समझने के लिए एनीग्राम लोगों को उनकी प्रमुख प्रेरणाओं, भय और व्यवहार के आधार पर चित्रित करना चाहता है। एनीग्राम विश्लेषण का उपयोग करके लोगों को पढ़ते समय, इसके व्यक्तित्व प्रकार किसी व्यक्ति की शक्तियों और कमजोरियों के साथ-साथ समग्र रूप से समाज से कैसे संबंधित हैं, इसकी गहरी अंतर्दृष्टि प्रदान करते हैं। इसके अलावा, एनीग्राम उन प्रेरणाओं को समझने में मदद करता है कि व्यक्ति इस तरह से कार्य क्यों करते हैं।

एनीग्राम सिद्धांत का दावा है कि लोग एक प्रमुख व्यक्तित्व प्रकार के साथ पैदा होते हैं, फिर भी यह अनुभवों और बाहरी कारकों के कारण बदल सकता है। बाहरी और जन्मजात लक्षण एक-दूसरे को प्रभावित करते हैं; सहज व्यक्तित्व विशेषताएँ यह निर्धारित करती हैं कि कोई व्यक्ति तनावपूर्ण स्थितियों में कैसे प्रतिक्रिया करता है; जो बदले में उनके व्यक्तित्व को चिंतित या शांत बनाता है।

यह सैद्धांतिक प्रणाली इस तथ्य पर और जोर देती है कि लोग एक श्रेणी में अच्छी तरह से फिट नहीं होते हैं; इसके बजाय उनके व्यक्तित्व में कुछ अतिरिक्त "पंखों" के साथ बुनियादी प्रकारों के संयोजन वाले कई लक्षण शामिल होते हैं, जिन्हें स्वभाव संशोधक या पंख के रूप में जाना जाता है। हालाँकि पंखों का स्वभाव पर कुछ प्रभाव पड़ता है, लेकिन वे प्रमुख व्यक्तित्व प्रकारों को महत्वपूर्ण रूप से नहीं बदलते हैं; इस सिद्धांत के अनुसार, बुनियादी लक्षण समय के साथ स्थिर बने रहते हैं, हालांकि आदतों और स्वास्थ्य जैसे बाहरी प्रभावों के कारण विशिष्ट लक्षण बदल सकते हैं।

व्यक्तियों में कई व्यक्तित्व लक्षण हो सकते हैं, जिनमें प्रमुख प्रकार हमेशा उनके लिए सबसे महत्वपूर्ण होता है। एनीग्राम परीक्षण इन व्यक्तित्व लक्षणों की पहचान करने में मदद कर सकता है।

अब, आइए विचार करें: व्यक्तित्व के एनीग्राम के भीतर पाए जाने वाले नौ व्यक्तित्व प्रकार क्या हैं? आइए उनकी आगे जांच करें।

एनीग्राम टाइप 1--सैद्धांतिक सुधारक इस व्यक्तित्व प्रकार से संबंधित लोग नैतिक और नैतिक रूप से उचित कार्य करने की इच्छा से प्रेरित होते हैं। वे जीवन के सभी क्षेत्रों में सत्यनिष्ठा, सिद्धांतों, आत्म-नियंत्रण और पूर्णता को महत्व देते हैं। टाइप वन अपने जीवन के सभी क्षेत्रों में आत्म-निपुणता और उत्कृष्टता के लिए प्रयास करते हुए अपने और अपने आस-पास के लोगों दोनों के प्रति स्वीकार करते हैं। वे अपने और अपने करीबी लोगों दोनों के प्रति स्वीकार करने वाले होते हैं, लेकिन कभी-कभी जब उनकी खामियां सामने आती हैं तो वे असहिष्णु और आलोचनात्मक हो जाते हैं या उन्हें खुद को अपर्याप्त या अपर्याप्त महसूस कराते हैं।

टाइप वन आमतौर पर एनीग्राम के एक्शन सेंटर में रहते हैं, हालांकि उनकी कार्रवाई और नियंत्रण सिद्धांतों, अनुशासन और आत्म-अनुशासन के माध्यम से भीतर से आते हैं। ये सिद्धांत उनके मार्गदर्शक बल के रूप में कार्य करते हैं और लोगों को संगठित और गुणवत्ता-केंद्रित दिखाते हैं।

इस श्रेणी से संबंधित लोगों में सही और गलत की तीव्र समझ होती है, वे अपने और अपने आस-पास के लोगों दोनों के लिए उच्च मानक स्थापित करते हैं। उनके आंतरिक संवाद में अक्सर बहुत सारे "मुझे चाहिए" या "मुझे चाहिए" कथन शामिल होते हैं क्योंकि वे अपने खिलाफ एक आंतरिक स्कोरकार्ड रखते हैं, जिससे संभावित रूप से उनके जीवन में विस्तार और संकुचन होता है।

लोगों को बार-बार गुस्सा आने के लिए जाना जाता है, हालांकि वे आम तौर पर इसे नियंत्रण में रखते हैं। जब अन्य लोग गैर-जिम्मेदार या अनैतिक व्यवहार में संलग्न होते हैं तो उनका गुस्सा आम तौर पर नाराजगी या जलन के माध्यम से प्रकट होता है; चरम मामलों में यह निष्क्रिय-आक्रामक व्यवहार में प्रकट होता है, जहां उनकी शारीरिक कठोरता बढ़ जाती है, जबकि वे दूसरों की आलोचना करने के बावजूद असामान्य रूप से विनम्र हो जाते हैं और अक्सर बाहरी स्रोतों से आलोचना के प्रति ग्रहणशील नहीं लगते हैं, जिससे वे हताशा और अंततः क्रोध की ओर अग्रसर हो जाते हैं।

टाइप वन अपेक्षाकृत दुर्लभ हैं - 54,000 से अधिक उत्तरदाताओं के साथ किए गए एक अध्ययन के अनुसार, केवल 10% ही टाइप वन बनाते हैं। [6]

एनीग्राम प्रकार 2--विचारशील सहायक

टाइप टू में अपने आस-पास के लोगों द्वारा पोषित महसूस करने की अंतर्निहित इच्छा होती है, जो सार्थक संबंधों और उदारता, दयालुता और निस्वार्थता को विकसित करने पर बहुत महत्व देते हैं। उनका लक्ष्य अपने निकटतम लोगों को समर्थन और ध्यान देकर दुनिया को एक प्रेमपूर्ण वातावरण बनाना है।

अपने सर्वोत्तम रूप में, टाइप टू लोग गर्म, स्नेही और उदार व्यक्ति हो सकते हैं जो दुनिया के साथ विनम्रता और नम्रता साझा करते हैं। दुर्भाग्य से, कम-स्वस्थ टवोज़ आत्म-केंद्रित और जोड़-तोड़ करने वाले प्रतीत हो सकते हैं, केवल पुरस्कार के लिए दे रहे हैं; उनकी आंतरिक आवाज़ उन्हें बताती है कि वे तभी सार्थक हैं जब दूसरे उन्हें प्यार करते हैं और उन्हें उनकी ज़रूरत है और यह उन्हें खुद को ज़रूरत से ज्यादा बढ़ाने और ज़रूरत से ज्यादा देने के लिए प्रेरित कर सकता है।

टूज़ के एक्शन पैटर्न रिश्ते विकसित करने की उनकी इच्छा से प्रेरित होते हैं। इसलिए, वे घनिष्ठ संबंध और दोस्ती बनाने में ऊर्जा और प्रयास करते हैं, लोगों को प्रशंसा या प्रशंसा के उदार इशारों से आकर्षित करते हैं जो दूसरों को विशेष महसूस कराते हैं और उनकी सराहना

करते हैं। जब किसी को सहायता की आवश्यकता होती है, या उन्हें लगता है कि कोई संभावित रूप से उन लोगों को नुकसान पहुंचा सकता है, जिनकी वे परवाह करते हैं, तो वे तुरंत प्रतिक्रिया देते हुए उत्कृष्ट सलाह देने वाली सेवाएं प्रदान करते हैं।

ट्वोज़ की विचार प्रक्रियाएं विचार और विचारशीलता द्वारा निर्देशित होती हैं। वे दूसरों की ज़रूरतों के प्रति अभ्यस्त होते हैं - यहां तक कि जो लोग अपनी इच्छाओं से अनजान होते हैं - जिससे उनके विचार अक्सर अन्य लोगों द्वारा ग्रहण किए जाते हैं और सार्थक तरीकों से उनके साथ कैसे जुड़ना है। परिणामस्वरूप, मानसिक ऊर्जा का एक महत्वपूर्ण हिस्सा जुड़ने की कोशिश में समर्पित हो सकता है।

दो जोड़े अपरिहार्य महसूस करने में बहुत आनंद लेते हैं, जो गर्वित आत्म-सम्मान या अपने स्वयं के महत्व की अतिरंजित भावना में तब्दील हो सकता है और अंततः पारस्परिक संबंधों को कमजोर कर सकता है।

ट्वोज़ की भावनाएँ बाहरी तौर पर गर्म और सहायक ऊर्जा के रूप में प्रकट होती हैं। उनकी मजबूत सहानुभूति उन्हें दूसरों की भावनाओं को समझने और उसके अनुसार प्रतिक्रिया देने में कुशल बनाती है, और आम तौर पर लोगों के प्रति मित्रवत होते हुए भी वे कभी-कभी अपने बढ़े हुए गुस्से से आश्चर्यचकित हो सकते हैं जब उन्हें लगता है कि उन्हें नजरअंदाज कर दिया गया है या उनके साथ गलत व्यवहार किया गया है; जिन लोगों की वे परवाह करते हैं, उनकी रक्षा करते समय जुड़वाँ लोग मुखर होते हैं, जब उन्हें लगता है कि उनके साथ गलत व्यवहार किया जा रहा है और जब उनकी उपेक्षा या उपेक्षा की जाती है, तो वे भावनात्मक पीड़ा का अनुभव करते हैं।

टाइप टू टाइप आबादी का लगभग 11 प्रतिशत हिस्सा है, जिसमें पुरुषों की तुलना में महिलाएं उस प्रतिशत में अधिक प्रचलित हैं।

एनीग्राम टाइप 3--प्रतिस्पर्धी उपलब्धि

प्रतिस्पर्धी उपलब्धि हासिल करने वाले खुद से आगे निकलने और पिछली उपलब्धियों को और भी बेहतर करने की इच्छा से प्रेरित होते हैं। परिणाम, पहचान और दक्षता उनकी नजर में अत्यंत महत्वपूर्ण हो जाती है, जिससे वे उपलब्धियों के नए स्तर तक पहुंचने के लिए परिस्थितियों के अनुसार अपने कार्यों को अनुकूलित करते हैं।

अपने सर्वश्रेष्ठ रूप में, इन व्यक्तियों को सिद्धांतवादी, मेहनती और प्रेरित व्यक्तियों के रूप में देखा जा सकता है, जो दुनिया भर में अखंडता और आशा फैला रहे हैं। हालाँकि, कभी-कभी सफलता की उनकी इच्छा उन्हें इस हद तक परेशान कर सकती है कि यह उन्हें जीवन में महत्वपूर्ण रिश्तों से दूर ले जाती है - जिससे उन्हें विशेष रूप से आत्म-महत्वपूर्ण महसूस होता है और शब्दों के बजाय कार्यों के माध्यम से उनके आत्म-मूल्य की भावना में वृद्धि होती है।

कर्ता-धर्ता लक्ष्य-उन्मुख कार्य योजनाओं के साथ कार्य करते हैं। उनकी ऊर्जा और ध्यान कार्यों को कुशलतापूर्वक पूरा करने पर केंद्रित है। इस व्यक्तित्व प्रकार से संबंधित कई लोग आसानी से अपने व्यक्तित्व को किसी भी व्यवहार, भूमिका या अपेक्षाओं के अनुरूप बदल सकते हैं; उनकी प्रतिस्पर्धी प्रकृति अक्सर मनोरंजक गतिविधियों के दौरान या काम पर प्रकट होती है - इस प्रकार के व्यक्तित्व वाले व्यक्ति ऐसी गतिविधियों या प्रतियोगिताओं को ढूंढते हैं जो उन्हें और अधिक चमकने की अनुमति देते हैं जबकि सामाजिक थ्री समूहों के भीतर नेतृत्व गुण दिखाने के अवसर के रूप में टीम प्रतियोगिताओं को पसंद करते हैं - ऊर्जावान और आत्मविश्वासी दिखाई देते हैं किसी भी दिये गये समय।

थ्रीज़ की सोच का पैटर्न उनके व्यक्तित्व को आशावादी बढ़त देता है। वे असफलताओं को सीखने के अवसर के रूप में देखते हैं न कि उन्हें अपने लक्ष्यों के साथ आगे बढ़ने से रोकते हैं। थ्रीज़ उस जानकारी पर ज़ोर देते हैं जो दूसरों की उपेक्षा करते हुए उनके दृष्टिकोण का समर्थन करती है। उनकी सफलता सही चीज़ों पर ध्यान केंद्रित करने और सोच-समझकर निर्णय लेने की उनकी क्षमता में निहित है; उनकी त्वरित विचार प्रक्रिया उन्हें योजना के अनुसार चीजों को चलाने के लिए उचित संचार और जुड़ाव कौशल के साथ अनुकूलन करने से पहले किसी भी स्थिति को तुरंत समझने की अनुमति देती है।

उनकी प्रतिस्पर्धा दूसरों के साथ अपनी तुलना करने और खुद को आंकने की इच्छा से उत्पन्न होती है कि वे कितनी अच्छी या बुरी तुलना करते हैं, अक्सर वे अपने काम में पूरी तरह से डूब जाते हैं, जब तक कि यह एक व्यक्ति के रूप में वे कौन हैं इसका हिस्सा नहीं बन जाता।

उनके भावना पैटर्न उन्हें किसी भी स्थिति से भावनात्मक रूप से अलग होने और उद्देश्यपूर्ण, तर्कसंगत निर्णय लेने की अनुमति देते हैं। उनकी नकारात्मक भावनाएँ - जैसे तनाव, भय और चिंता - उन्हें ख़त्म नहीं करती हैं, फिर भी वे निराशा और क्रोध का अनुभव करते हैं।

थ्रीज़ का उद्देश्य जब भी संभव हो लोगों का बुरा पक्ष लेने से बचना है, यदि यह किसी भी तरह से उनकी सफलता में योगदान दे सकता है। वे इस बात से अवगत हैं कि लोग उनके दृष्टिकोण और कार्यों पर कैसे प्रतिक्रिया दे सकते हैं; हालाँकि वे बाहर से मित्रवत दिख सकते हैं, लेकिन अंदर से वे दूसरों के प्रति अविश्वास महसूस कर सकते हैं; उनका ध्यान दूसरों पर विश्वास जताने में होता है, इस प्रकार ऐसी किसी भी चीज़ को दबाने में होता है जो ऐसा करने से उनका ध्यान भटकाती है; अन्य लोग इस व्यवहार के कारण थ्रीज़ को अविचलित या गंभीर भी मान सकते हैं।

एनीग्राम टाइप थ्री सबसे दुर्लभ व्यक्तित्व प्रकारों में से हैं। पहले उल्लिखित अध्ययन में भाग लेने वाले 54,000 प्रतिभागियों में से केवल 11% ने इस व्यक्तित्व प्रकार की पहचान की; अधिकांश ने स्वयं को पुरुष के रूप में पहचाना।

एनीग्राम प्रकार 4--गहन रचनात्मक

एनीग्राम टाइप फोर को अपनी अनूठी रचनात्मकता को शब्दों, काम या किसी अन्य आउटलेट के माध्यम से व्यक्त करने के लिए प्रेरित किया जाता है - जिसमें भाषा भी शामिल है! चूँकि वे व्यक्तिवाद को महत्व देते हैं इसलिए वे आत्म-अभिव्यक्ति और भावनाओं को बहुत महत्व देते हैं।

दिल से रोमांटिक और सुंदरता के प्रशंसक, फोर सही मायने में सच्चे रचनात्मक हैं। अपने सर्वोत्तम रूप में, इस श्रेणी से संबंधित लोग संवेदनशील होते हुए भी संतुष्ट हैं, एक प्रामाणिक स्वभाव के साथ जो उन्हें एक तरह का बनाता है; कम से कम वे अपनी खामियों और घावों के प्रति जागरूक होने के कारण मनमौजी या उदासीन लग सकते हैं; उनकी आत्म-चर्चा में स्वयं को प्रामाणिक रूप से व्यक्त करके जीवन में उद्देश्य की तलाश करना शामिल है।

चारों के कार्य स्वयं को अभिव्यक्त करने की उनकी आवश्यकता से प्रेरित होते हैं। वे उन लोगों के साथ गहन अनुभव साझा करके फलते-फूलते हैं जिनकी वे परवाह करते हैं, अक्सर अपने भीतर के कलाकार को बाहर निकालकर या प्रतीकों का उपयोग करके। उनका विलक्षण व्यक्तित्व अक्सर कठिन कार्यों को करते समय उन्हें निराश और निराश कर देता है जो उनकी इच्छाओं को पूरा नहीं करते हैं।

चार लोग "मैं," "मैं" और "मेरा" जैसे कथनों का उपयोग करते हैं, जो दर्शकों के साथ व्यक्तिगत अनुभव साझा करते हैं। हालाँकि यह पहली बार में आत्म-अवशोषित लग सकता है, यह वास्तव में दूसरों के साथ जुड़ने और रिश्ते बनाने का उनका तरीका है।

आपकी सोच का पैटर्न आपके जीवन में किसी भी कमी को भरने की आवश्यकता से उत्पन्न होता है, जैसे कि आपके स्वयं के खोए हुए टुकड़े। वे सकारात्मक डेटा की उपेक्षा करते हुए अपने बारे में नकारात्मक जानकारी को आंतरिक करते हैं - जिससे वे किसी भी सकारात्मक समाचार को खारिज करते हुए अपने बारे में नकारात्मक संदेशों को आंतरिक करते हैं, जिसके परिणामस्वरूप जब भी कोई उनके बारे में नकारात्मक प्रभाव सुझाता है तो प्रतिक्रियाएं शुरू हो सकती हैं। उनका निर्णय भावनाओं से घिर जाता है क्योंकि उनका निर्णय तर्क के बजाय भावनाओं पर बहुत अधिक निर्भर करता है - इसके परिणामस्वरूप अक्सर अनुभव या भावनात्मक संबंधों के आधार पर निर्णय लेने में पूर्वाग्रह होता है जो महत्वपूर्ण निर्णय लेने का आधार बनता है।

चार लोगों की आत्मविश्लेषी प्रकृति उन्हें विचारों की आंतरिक राह पर ले जाती है जो कभी-कभी उनके आराम के लिए बहुत गहरी होती है, जिससे वे नकारात्मक विचार पथ पर चले जाते हैं जो अंततः उनके आत्म-सम्मान को कम कर देता है और उन्हें अन्य लोगों द्वारा गलत समझा जाता है।

चार लोगों की भावनाएँ उनकी सबसे बड़ी संपत्ति हैं; वे उन्हें दुनिया और दूसरों से जुड़ाव महसूस करने में मदद करते हैं। इसके अतिरिक्त, चार लोग दूसरों की भावनाओं के बारे में गहराई से जानते हैं - अक्सर खुद से भी ज्यादा! दुर्भाग्य से, फोर लोग अपनी भावनाओं पर बहुत देर तक ध्यान देते हैं, जिससे वे गहरे, तीव्र और मूडी दिखाई देते हैं।

फोर का मानना है कि अपनी भावनाओं का अनुभव करना - चाहे दुख हो या खुशी - उन्हें यह पता लगाने की अनुमति देता है कि वे वास्तव में कौन हैं। उनकी भावनाएं अक्सर उनके आस-पास की दुनिया में बदलाव के साथ बदलती रहती हैं, हालांकि उदासी, लालसा और हानि खुशी की तुलना में अधिक प्रभाव डालती हैं और उन्हें उदासीन या समाज से दूर दिखाई दे सकती हैं। दुर्भाग्य से वे अक्सर चीज़ों को बहुत गंभीरता से लेते हैं और उन्हें अपने जीवन में कुछ हल्केपन की ज़रूरत होती है।

प्रकार चार के व्यक्ति अद्वितीय व्यक्ति होते हैं जो अपनी व्यक्तिगत शैली और स्वभाव के कारण भीड़ से अलग दिखते हैं, जो अक्सर उन्हें भीड़ में अलग खड़ा कर देता है। [7]

एनीग्राम प्रकार 5--शांत अन्वेषक

फाइव्स अपने आत्मविश्लेषी स्वभाव के लिए जाने जाते हैं, जो सत्य को उजागर करने और निर्णय लेने के लिए दूसरों को समझने की आंतरिक इच्छा से प्रेरित होते हैं। अपने परिवेश को समझने की कोशिश करते समय, फाइव्स वस्तुनिष्ठ ज्ञान के आधार पर निर्णय लेते समय ज्ञान और निष्पक्षता को बहुत महत्व देते हैं। फाइव भी किसी भी अन्य चीज़ से अधिक स्वतंत्रता को प्राथमिकता देते हैं और वित्तीय निर्णय लेते समय दूसरों से सहायता माँगने या समर्थन माँगने के बजाय वित्तीय बचत के प्रति सचेत रहते हैं; इसके अलावा वे दूसरों को रहने के लिए पर्याप्त जगह देकर गोपनीयता का सम्मान करते हैं।

अन्य लोग अक्सर फाइव्स को बुद्धिमान और दूरदर्शी के रूप में देखते हैं, जिसमें अनासक्ति होती है जो लोगों के साथ सार्थक संबंध बनाने में सक्षम होती है। सबसे खराब स्थिति में, फाइव बुद्धिमानी से अहंकारी या अपनी भावनाओं से अलग दिखाई दे सकते हैं

क्योंकि वे अक्सर अपने आस-पास की दुनिया को समझने और समझने की कोशिश करने के लिए आत्मनिरीक्षण की स्थिति में चले जाते हैं।

पाँच लोग अपने कार्यों को एकांत का आनंद लेने और अपनी कंपनी के आसपास केंद्रित करते हैं, "गोपनीयता" को बहुत महत्व देते हैं, हालांकि प्रत्येक व्यक्ति इसे अलग तरह से परिभाषित कर सकता है। वे स्वतंत्र रहते हुए संसाधनों को रिचार्ज करने और दूसरों के साथ सीमाएँ निर्धारित करने के लिए अकेले समय का उपयोग करते हैं - इसमें अक्सर निर्भर हुए बिना स्वायत्तता बनाए रखने के लिए दिनचर्या या परिवेश में बदलाव करना शामिल होता है। इन परिवर्तनों में न्यूनतम जीवन शैली अपनाना या एक छोर या दूसरे छोर पर जमाखोरी शामिल हो सकती है।

पाँच लोग उपलब्ध संसाधनों का उपयोग करने के तरीके में रूढ़िवादी होते हैं क्योंकि इससे उनकी स्वतंत्रता में बाधा आ सकती है। जब तक उनकी रुचि की कोई बात सामने नहीं आती तब तक वे दूर या उदासीन दिखाई दे सकते हैं - उस समय आप उन्हें अत्यधिक प्रतिक्रियाशील और संचारी, दूसरों के साथ जानकारी साझा करते हुए पाएंगे।

सोच उनके अस्तित्व के मूल में है, क्योंकि वे दृढ़ता से विश्वास करते हैं कि ज्ञान ही शक्ति है। ज्ञान के प्रति उनकी प्यास उन्हें जानकारी की गहराई से खोज करने के लिए प्रेरित करती है; यदि कोई चीज़ उनकी रुचि को आकर्षित करती है, तो वे उसमें महारत हासिल करने के लिए किसी भी हद तक जा सकते हैं और खुद को उस क्षेत्र में विशेषज्ञ के रूप में स्थापित कर सकते हैं।

मन एक पवित्र स्थान है जहाँ वे शेष जीवन से सांत्वना पा सकते हैं। इस प्रतिभा वाले लोग रिश्तों और जीवन के विभिन्न पहलुओं के बीच स्पष्ट सीमाएँ बनाते हुए विभिन्न विषयों में रुचि बनाए रखने के लिए जानकारी को अपने दिमाग में विभिन्न डिब्बों में व्यवस्थित कर सकते हैं - चाहे वह घटनाएँ हों, तारीखें हों या कोई अन्य तथ्य हों।

उनकी भावनात्मक स्थिति उनकी मस्तिष्कीय क्षमता से बहुत प्रभावित होती है, क्योंकि वे अपनी भावनाओं को बौद्धिकता के माध्यम से समझते हैं और उन्हें समझने के लिए अपने दिमाग पर भरोसा करते हैं। दुर्भाग्य से, इससे उनके लिए भावनाओं और विचारों के बीच अंतर करना कठिन हो जाता है, जो अक्सर भावनात्मक रूप से आवेशित घटनाओं या ओपन-एंडेड परियोजनाओं के बाद उन्हें थका देता है।

लगातार व्यक्तिगत संसाधनों और ऊर्जा का प्रबंधन करते समय कोई व्यक्ति थक सकता है, फिर भी भावनाओं से अलग होने की उनकी क्षमता ऊर्जा को अधिक प्रभावी ढंग से प्रबंधित करने में मदद कर सकती है। खुद को अलग करने से, उन्हें अपनी सुविधानुसार भावनाओं की समीक्षा करने या उन्हें दोबारा जीने का अधिकार मिल जाता है, जिससे उन्हें अपनी सुविधानुसार आगे भावनात्मक प्रसंस्करण की अनुमति मिलती है। उनका भावनात्मक दूरी का व्यवहार दो कार्य करता है - यह उन्हें भावनाओं को अधिक आसानी से नियंत्रित करने के साथ-साथ चोट और दर्द से बचाने की अनुमति देता है; दुर्भाग्य से यह मुकाबला तंत्र कभी-कभी उन्हें ठंडा या दूसरों से दूर दिखने का कारण बनता है; फिर भी यह रणनीति एक आत्मविश्लेषी और संतुलित व्यक्तित्व का निर्माण करती है।

टाइप फाइव दुर्लभ व्यक्तित्व प्रकार हैं। 54,000 संवाददाताओं के साथ एक सर्वेक्षण से पता चला कि औसतन केवल 10% प्रतिभागी इस व्यक्तित्व प्रकार में आते हैं, और यह महिलाओं की तुलना में पुरुषों में अधिक प्रचलित है (पुरुष प्रतिभागियों के लिए 14% और महिलाओं के लिए 7%)।

एनीग्राम टाइप 6--वफादार संशयवादी छक्के अपनेपन और सुरक्षा की तीव्र इच्छा से प्रेरित होते हैं; यह उनके निर्णयों और रिश्तों को संचालित करता है। चूंकि वे हर स्थिति में सुरक्षा के लिए प्रयास करते हैं, सिक्स उन लोगों को महत्व देते हैं जो जिम्मेदार होने के साथ-साथ वफादारी का प्रदर्शन करते हैं; वे अक्सर स्वयं के साथ गहराई से जुड़े रहते हुए साहस का प्रदर्शन करते हैं - बदले में अपने आस-पास के लोगों को विश्वास और भक्ति का उपहार देते हैं। अस्वस्थ सिक्सर्स अत्यधिक चिंता करते हैं जबकि डर के कारण उनकी सुरक्षा कम हो जाती है, जिससे वे संदिग्ध, शंकालु या चिंतित दिखाई देने लगते हैं।

उनकी आंतरिक आत्म-चर्चा उन्हें बताती है कि दुनिया एक असुरक्षित और क्रूर जगह हो सकती है, इसलिए जिनकी आप परवाह करते हैं उनके प्रति तैयार और वफादार रहना जीवित रहने के प्रमुख तत्व हैं। वे वहां जो कुछ भी उनका इंतजार कर रहा है उससे डरने की कोशिश नहीं करते हैं और सतर्क रहते हैं, हमेशा उसकी क्रूरता के खिलाफ खुद का ख्याल रखते हैं।

छक्के आम तौर पर दो क्रिया पैटर्न में से एक को प्रदर्शित करते हैं। या तो वे भावनात्मक रूप से भारी परिस्थितियों से बचने के लिए भय और टालने का व्यवहार प्रदर्शित करते हैं या वे चिंता का डटकर मुकाबला करने का प्रयास करते हैं। अधिकांश छक्के इन चरम सीमाओं के बीच में कहीं गिरते हैं; उनका व्यवहार उनके जीवन की परिस्थितियों के आधार पर बदल जाएगा।

इस व्यक्तित्व प्रकार से संबंधित कुछ लोग अक्सर खुद को और दूसरों को यह साबित करने के लिए जोखिम लेने वाले व्यवहार में संलग्न होते हैं कि वे साहसी और निडर हैं, चाहे वह जोखिम भरे साहसिक कार्यों के रूप में प्रकट हो या प्रतिद्वंद्विता पैटर्न वाले लोगों के खिलाफ मौखिक कृत्यों के रूप में प्रकट हो। सिक्सेस को जिम्मेदारी, वफादारी और हाथ में आए किसी भी कार्य के लिए खुद को पूरी तरह से समर्पित करते हुए लगन, लगातार, समर्पण और निरंतरता के साथ काम करने के लिए जाना जाता है। उनकी सराहनीय कार्य नैतिकता उन्हें मूल्यवान कर्मचारी बनाती है, जिससे अन्य लोगों को उन्हें परियोजनाएं सौंपने में सहजता होती है।

जब संभव हो तो छक्के मुद्दों से बचते हैं। हालाँकि, जब किसी अप्रिय स्थिति का सामना करना पड़ता है, तो उनकी सोच का पैटर्न उन्हें अपने परिवेश के साथ तालमेल बिठाने और उत्पन्न होने वाली सभी संभावित चुनौतियों और समस्याओं को पहचानने के लिए खतरों और जोखिमों का गंभीर रूप से विश्लेषण करने के लिए प्रेरित करता है। हालाँकि उनमें अपनी समस्याओं को शीघ्रता और कुशलता से हल करने की क्षमता होती है, लेकिन उनकी प्रतिक्रिया में कभी-कभी "हाँ, लेकिन" शामिल हो सकता है, जो इसमें शामिल सभी पक्षों के बीच संचार को कठिन बना देता है।

इस प्रकार के व्यक्तित्व वाले लोग अपनी सोच में अपने अधिकार के बारे में जानते हैं। जबकि वे अधिकारियों द्वारा संरक्षित और समर्थित महसूस करते हैं, वे दूसरों द्वारा नीचा दिखाए जाने या निराश होने की भी चिंता करते हैं। उनकी विचार प्रक्रिया में स्वयं से आंतरिक प्रश्न पूछना शामिल है जो "आंतरिक समितियों" के रूप में कार्य करते हैं, जिसमें स्पष्ट भावनाओं के साथ-साथ कई अव्यक्त भावनाओं का भी पता लगाया जाता है।

उनकी भावनाएँ अक्सर चिंता पर केंद्रित होती हैं क्योंकि वे दैनिक व्यवहार में सबसे खराब स्थिति पर ध्यान केंद्रित करते हैं, अक्सर घबराहट या हल्की चिंता का अनुभव करते हैं; या आतंक और भय जैसे अधिक तीव्र रूप। उनकी भावनात्मक प्रतिक्रिया किसी भी समय त्वरित पहुंच की अनुमति देती है; लेकिन दुर्भाग्य से इसका अर्थ है उनके मन में चिंताजनक परिदृश्यों

को दोहराना, तब भी जब जीवन में उनके लिए चीजें अच्छी चल रही हों; सकारात्मक भावनाओं को नज़रअंदाज़ करते हुए नकारात्मक भावनाओं पर ध्यान देने की प्रवृत्ति।

अपनी भावनाओं के साथ गहराई से जुड़े होने के कारण, बहुत से लोग अनजाने में अपनी भावनाओं, आशाओं, विचारों और भय को सामने वाले पर थोप देते हैं। उनके अपने संदेह और असुरक्षाएँ अक्सर कठिन व्यवहार में प्रकट होती हैं जो दूसरों के लिए समस्याएँ पैदा करती हैं।

टाइप छह व्यक्तित्व वाले लोगों को किसी भी वातावरण में सहजता से फिट होने की उनकी क्षमता से पहचाना जा सकता है और वे हमेशा अपने निकटतम लोगों का समर्थन करने का प्रयास करते हैं।

एनीग्राम टाइप 7--उत्साही दूरदर्शी

व्यक्तित्व प्रकार सेवन से संबंधित लोग जीवन के प्रति बेहद उत्साही होते हैं, वे हमेशा परस्पर विरोधी स्थितियों से बचते हुए इसका अधिकतम आनंद लेने के लिए प्रेरित होते हैं। स्वभाव से, सेवेन्स आशावादी होते हैं - हमेशा ऐसे अवसरों की तलाश में रहते हैं जो उन्हें जीवन में प्रेरित करें और उपलब्ध होने पर इन संभावनाओं का लाभ उठाएं। वे जीवन को एक साहसिक कार्य के रूप में देखते हैं जो उनकी सहजता और उनके आस-पास की हर चीज़ की सराहना को प्रेरित करता है; हालाँकि अन्य लोग सेवेन्स को "वर्तमान मोड" में शांत मान सकते हैं, क्योंकि उन्हें सहज गतिविधियों से आनंद मिलता है; इस सहज स्वभाव के कारण वे जीवन से एड्रेनालाईन की चाह के कारण अप्रतिबद्ध या अकेंद्रित भी दिखाई दे सकते हैं!

उनका व्यवहार अपने जीवन में नियमितता और एकरसता से बचने के तरीके खोजने पर केंद्रित होता है, इसलिए वे सक्रिय रूप से ऐसी गतिविधियों या लोगों की खोज करते हैं जो उत्साह और रोमांच जोड़ते हैं। नई चीजों को आजमाने से कभी नहीं डरते, वे कभी-कभी अधिक रोमांचक उद्यमों के लिए अधूरे कार्यों को छोड़ देते हैं।

सेवन्स सक्रिय रहने और आत्मविश्वास से आगे बढ़ने का प्रयास करते हैं। उनकी ऊर्जा हर चुनौती को उत्साह से स्वीकार करने में निहित है; उत्तेजना के हर विस्फोट से आने वाली एड्रेनालाईन की वह लहर उन्हें मजबूत बनाए रखती है। दबाव में, इस प्रकार का व्यक्तित्व कार्यों को सफलतापूर्वक पूरा करने के लिए योजनाओं या मल्टीटास्क को बदल सकता है। नए प्रयास करते समय उनका शरीर अक्सर उनके दिमाग से आगे निकल सकता। है - इसका मतलब है कि उनकी उच्च ऊर्जा का स्तर अक्सर निरंतर गति या व्यस्त शारीरिक भाषा के रूप में दिखाई देती है - जिससे दूसरों को यह आभास होता है कि वे बेचैन हैं लेकिन यह बस व्यस्त रहने का उनका तरीका है!

सेवेन्स के सोचने के तरीके एक सक्रिय दिमाग से प्रेरित होते हैं जो विचारों और कनेक्शनों के बीच सहजता से परिवर्तन करता है, उन्हें यह पता लगाने में संलग्न करता है कि किस चीज़ में उनकी रुचि बढ़ती है और तात्कालिक संतुष्टि मिलती है। इसलिए, उनके सोचने के पैटर्न में तेज़ मानसिक प्रसंस्करण और उत्तेजना संयुक्त रूप से शामिल होती है। सेवन्स का झुकाव बहुत सारे विकल्प रखने की ओर है और वे किसी भी संबंध में प्रतिबंधित महसूस करना नापसंद करते हैं; विकल्प होने से उन्हें स्वतंत्रता मिलती है; उनकी त्वरित बुद्धि उन्हें कई क्षेत्रों में ज्ञान प्राप्त करने की अनुमति देती है जो नवाचार और रचनात्मकता को प्रोत्साहित करती है क्योंकि उनकी उंगलियों पर सीखने के लिए बहुत सारा डेटा होता है।

साथ ही, उन्हें अपने विचार दूसरों के साथ साझा करना अच्छा लगता है क्योंकि इससे उन्हें प्रेरणा मिलती रहती है और वे जीवन से जुड़े रहते हैं। जब नई जानकारी आती है, तो वे उसे तुरंत समझ लेते हैं और रास्ते में और भी अधिक खोजते हैं।

सेवेन्स सकारात्मक भावनात्मक परिदृश्यों का अनुभव करते हैं जो स्वयं को ऊर्जावान और उत्साहित व्यक्तित्वों के माध्यम से प्रकट करते हैं, जिससे अन्य लोग सेवेन्स को आशावादी, हर्षित और उत्साही व्यक्तियों के रूप में देखते हैं। जब बोरियत, उदासी, चिंता या भय जैसी नकारात्मक भावनाओं का सामना करना पड़ता है, तो वे सहज रूप से इन नकारात्मक भावनाओं को जल्दी से दूर करने के तरीकों की तलाश करते हैं ताकि असुविधा से जल्दी से बच सकें।

सकारात्मक भावनाओं के प्रति सेवेन्स की स्वाभाविक प्रवृत्ति अक्सर उन्हें नकारात्मक अनुभवों को उनके दिमाग में सीखने के अनुभवों या अवसरों के रूप में तैयार करके आशावाद के साथ देखने का कारण बनती है। दुर्भाग्य से, यह युक्तिकरण जब चीजें खराब हो जाती हैं तो कार्यों की जिम्मेदारी लेना अधिक कठिन बना देता है; लेकिन सकारात्मक पक्ष यह है कि यह उनके दृष्टिकोण को सकारात्मक रखता है और जीवन के प्रति आशावादी दृष्टिकोण बनाए रखने में मदद करता है।

सेवेन्स अपने व्यक्तिगत स्थान के प्रति अत्यधिक सुरक्षात्मक होते हैं और अपनी क्षमताओं के बारे में चुनौती दिए जाने की सराहना नहीं करते हैं। यदि आप सात को चुनौती देते हैं, तो उनके क्रोध का सामना करने के लिए तैयार रहें। जब असहज या भारी परिस्थितियों का सामना करना पड़ता है, तो सेवेन्स चुटकलों के साथ मूड को हल्का करने या तनाव को कम करने और हँसी-उत्प्रेरण उपाख्यानों में शामिल होकर संतुलन बहाल करने के लिए हल्के-फुल्के बयान देने के लिए अथक प्रयास करते हैं।

ट्विटी अध्ययन से पता चला कि एनीग्राम टाइप सेवेन्स में 54,000 प्रतिभागियों में से 9 प्रतिशत उत्तरदाता शामिल थे।[8]

एनीग्राम टाइप 8-एक्टिव चैलेंजर टाइप आठ मजबूत दिखने और जितना संभव हो सके भेद्यता दिखाने से बचने की उनकी ज़रूरत से प्रेरित होते हैं, जिससे वे उन स्थितियों से निपटने में प्रत्यक्ष और प्रभावशाली होते हैं जिनमें वे खुद को शामिल पाते हैं। वे तुरंत नियंत्रण करके स्थितियों पर नियंत्रण कर लेते हैं। यह प्रत्यक्षता के साथ. चुनौती मिलने पर आठ लोग सफल होते हैं और अपने व्यवहार में निष्पक्ष होते हैं, दूसरों की सुरक्षा के लिए न्याय की अपनी उचित भावना का उपयोग करते हैं। अपने सबसे अच्छे रूप में, एइट्स बहुत अधिक देखभाल करने वाले, फिर भी मजबूत और सुलभ दिखाई देते हैं। जब आठ लोग वास्तविकता के अनुरूप कार्य करते हैं, तो वे हम सभी को मासूमियत का उपहार देते हैं। हालाँकि, अक्सर क्रूर दुनिया में जीवन से बड़ा दिखने की अपनी रणनीति के हिस्से के रूप में, अपने सबसे बुरे समय में आठ लोग आक्रामक, दबंग और वासनापूर्ण दिखाई दे सकते हैं। उनका मानना है कि स्थितियों को नियंत्रित करके वे अन्याय से अधिक आसानी से निपट सकते हैं।

आठ एनीग्राम के केंद्र में रहते हैं। वे इसके मूल में हैं, कुछ भी नहीं करने के बजाय सहज ज्ञान के आधार पर कार्रवाई करना, अक्सर गहन और प्रत्यक्ष भाषण, शब्दों की पसंद, शारीरिक भाषा और निर्णय लेने की शैली के माध्यम से प्रकट होता है। आठ लोगों को नियंत्रण रखना और चीजों को अपनी शर्तों पर घटित करना पसंद है; उनकी स्वतंत्रता उन्हें उन परियोजनाओं को आगे बढ़ाने की अनुमति देती है जिन्हें वे पूरा करते हैं।

दूसरों के साथ सहयोग करना स्वाभाविक रूप से आठ में नहीं आता है; वे इसे दायित्व से बाहर करते हैं। आठ लोग नियंत्रण बनाए रखने में गर्व महसूस करते हैं, अक्सर घटनाओं का सूक्ष्म प्रबंधन स्वयं करते हैं और आवश्यकता पड़ने पर अक्सर दूसरों का सूक्ष्म प्रबंधन भी करते हैं। जब दूसरे लोग अभिभूत हो जाते हैं और अनियंत्रित हो जाते हैं, तो उनकी त्वरित

कार्रवाई उनके लिए उपयोगी होती है - वे तुरंत हस्तक्षेप करते हैं, कार्यभार संभालते हैं, और बिना किसी हिचकिचाहट या देरी के कुशलतापूर्वक चीजों को हल करते हैं।

माइक्रोमैनेजिंग उनकी पसंदीदा गतिविधि नहीं हो सकती है, लेकिन यह उन्हें स्थिति पर नियंत्रण में रखती है और परिणाम उत्पन्न करती है - इस प्रकार वे इस लक्ष्य को पूरा करने के लिए जो कुछ भी करने की आवश्यकता होती है वह करते हैं।

आठ लोग जिनकी जिम्मेदारी लेते हैं उनकी अक्षमता और कमजोरी को बर्दाश्त नहीं करते हैं, फिर भी वे अपने नेतृत्व में आने वाले लोगों की जमकर सुरक्षा करते हैं। जब वे जिनकी परवाह करते हैं, उनके साथ गलत व्यवहार किया जा रहा है, तो एट्स न्याय को बनाए रखने और उनके साथ हुए किसी भी अन्याय को सही करने के लिए अथक प्रयास करेंगे।

आठ लोग लोगों को कमजोर या मजबूत के रूप में वर्गीकृत करते हैं और तदनुसार कार्य करते हैं, अक्सर इस "सभी या कुछ भी नहीं" मूल्यांकन पद्धति के आधार पर कुछ व्यक्तियों पर अधिक ध्यान देते हैं। संघर्षपूर्ण स्थितियों को संभालते समय आठ लोग अस्पष्टता के बजाय ईमानदारी को प्राथमिकता देते हैं, लूप से बाहर रहने के बजाय सच्चाई को प्राथमिकता देते हैं क्योंकि इससे उन्हें स्थिति पर शक्तिहीन होने का एहसास होता है; अपडेट, प्रगति या घटनाओं के बारे में अधिक से अधिक जानकारी से खुद को लैस करने से एइट्स को बड़ी तस्वीर पर अधिक कुशलता से ध्यान केंद्रित करने में मदद मिलती है।

इन लोगों के लिए दूसरों की तुलना में अपने उद्देश्यों पर अधिक ध्यान केंद्रित रहना महत्वपूर्ण है; वे उन चीज़ों को करने के लिए मजबूर होना पसंद नहीं करते जिन्हें वे पसंद नहीं करते या उन्हें उबाऊ लगते हैं, क्योंकि इससे उनकी ऊर्जा अकुशल रूप से बर्बाद होती है।

आठों में जटिल भावनात्मक पैटर्न होते हैं। वे जल्दी क्रोधित हो जाते हैं और तदनुसार प्रतिक्रिया करते हैं, फिर भी अपना गुस्सा जल्दी प्रकट करने के बाद वे तुरंत उससे आगे बढ़ जाते हैं। क्योंकि आठ लोग असुरक्षित महसूस करने से बचना चाहते हैं, इसलिए वे उदासी या कमजोरी की भावनाओं को खुले तौर पर व्यक्त नहीं करते हैं - इसके बजाय वे सुरक्षित होने पर ही इन भावनाओं को पहचानना पसंद करते हैं - अपनी पहचान के हिस्से के रूप में शक्ति और सुरक्षा के माध्यम से प्यार दिखाना।

54,000 प्रतिभागियों के साथ ट्रुइटी अध्ययन से पता चला कि 15% लोग एनीग्राम टाइप आठ के अंतर्गत आते हैं; ये लोग मुख्यतः पुरुष थे।

एनीग्राम प्रकार 9--अनुकूली शांतिदूत

नौ लोग मध्यस्थों के रूप में कार्य करते हैं, जो अपने परिवेश में सद्भाव पैदा करने की इच्छा से प्रेरित होते हैं। इस प्रकार, वे अपने सभी कार्यों में शांति स्थापित करने को प्राथमिकता देते हुए अपने आस-पास के लोगों को स्वीकार करने और उनके साथ तालमेल बिठाने का प्रयास करते हैं - इससे उन्हें जब भी संभव हो संघर्ष से बचने में मदद मिलती है।

दुनिया के अधिकांश लोग नाइन को जीवंत, अनुभवी और आत्म-जागरूक व्यक्तियों के रूप में देखते हैं जो ऐसे कार्य करने का प्रयास करते हैं जिससे उनके आसपास के लोगों को लाभ हो। हालाँकि, सबसे खराब स्थिति में, नाइन जिद्दी, आलसी या आत्म-इनकार करने वाले दिखाई दे सकते हैं; ऐसा इसलिए होता है क्योंकि शांति बनाए रखने के लिए वे सभी के साथ चलते हैं लेकिन फिर अपनी जरूरतों से ज्यादा दूसरों की जरूरतों को महत्व देते हैं और खुद के लिए और जिनके साथ वे बातचीत करते हैं उनके लिए असुविधा की भावना पैदा करते हैं। फिर भी उनका आत्मसंतुष्ट स्वभाव दूसरों को अपनी ओर आकर्षित करता है और साथ ही उनकी उपस्थिति में लोगों को सहजता का अनुभव भी कराता है।

नौ बच्चे या तो अपने वातावरण में हेरफेर करके या जब कुछ आरामदायक महसूस नहीं होता है तो निष्क्रिय रूप से विरोध करके दूसरों के नियंत्रण से बचने की अपनी इच्छा के आधार पर कार्रवाई करते हैं। उनके कार्य या उनमें कमी संभवतः शांति और सद्भाव बनाए रखने से प्रेरित होगी क्योंकि वे संघर्ष को बर्दाश्त नहीं कर सकते।

आराम उन परिचित दिनचर्या और लय के माध्यम से पाया जा सकता है जो उन्हें दिलचस्प लगते हैं, जबकि इस प्रकार के व्यक्तित्व को सार्थक संबंध बनाने में आनंद आता है जिसके परिणामस्वरूप उनके करीबी लोगों की ऊर्जाओं का विलय होता है, जो अक्सर अपने अंतरंग स्थानों में मौजूद लोगों की आदतों या रुचियों को अपनाने के माध्यम से प्रकट होता है। .

नाइन के सोचने के तरीके स्वयं को संरचित प्रक्रियाओं के लिए अच्छी तरह से उधार देते हैं; इसलिए, जब वे कार्य निपटाते हैं या जल्दी से आदतें या प्रक्रियाएँ बनाते हैं तो वे विवरण और स्पष्टता को प्राथमिकता देते हैं। जब बड़ी मात्रा में जानकारी प्रस्तुत की जाती है, तो नाइन तुरंत इसे अपने दिमाग में एक व्यवस्थित संरचना में व्यवस्थित कर लेंगे ताकि इसका अर्थ समझ में आ सके।

नौ लोग दृढ़ इच्छाशक्ति वाले और दृढ़ इच्छाशक्ति वाले होते हैं, फिर भी दूसरों के सामने दबंग दिखने से बचने के लिए अपनी राय अपने तक ही सीमित रखते हैं। दुर्भाग्य से, इससे वे अपने रिश्तों या जीवन के कुछ पहलुओं से असंतुष्ट हो जाते हैं।

उनका रवैया शांत और संतुलित दिखाई दे सकता है, फिर भी वे बड़ी तीव्रता के साथ तीव्र भावनाओं का अनुभव करते हैं, उन्हें नियंत्रित करने और शांतिपूर्ण, शांत और मिलनसार दिखने के लिए अपनी ओर से प्रयास की आवश्यकता होती है। उनकी तीव्र भावनाएँ उन्हें लोगों के बीच सामंजस्य बनाए रखने के लिए प्रेरित करती हैं क्योंकि वे समझते हैं कि भावनाएँ व्यवहार को कैसे प्रभावित करती हैं।

यद्यपि वे संघर्ष स्थितियों में शांतिपूर्ण मध्यस्थों के रूप में उत्कृष्टता प्राप्त करते हैं, नाइन क्रोध जैसी नकारात्मक भावनाओं से सीधे जुड़ने से बचते हैं; ऐसे संबंध उनकी ऊर्जा को ख़त्म कर देते हैं और वे अक्सर इन भावनाओं को स्वीकार भी नहीं करते हैं। इसलिए, वे कोशिश करते हैं कि उन्हें बहुत अधिक तीव्रता से अनुभव न करें। इसके अलावा, अधिकांश नाइन सहानुभूति रखने वाले होते हैं जो अपने करीबी लोगों की भावनाओं को समझ सकते हैं, अक्सर लोगों के बीच साझा की जाने वाली ऊर्जा को ग्रहण करते हैं यदि उनका परिवेश सकारात्मक और उत्साही हो; इसके विपरीत जब उदास या चिंतित व्यक्तियों का सामना करना पड़ता है तो उनका मूड भी नाटकीय रूप से कम हो सकता है।

ड्रुइटी अध्ययन में नौवीं कक्षा के छात्रों में 13% उत्तरदाता शामिल हैं; जिनमें से अधिकतर महिलाएं हैं.

एनीग्राम व्हील पर दर्शाए गए नौ व्यक्तित्व प्रकारों को हृदय, सिर और शरीर के प्रकारों में विभाजित किया जा सकता है। हृदय प्रकार में दो से चार प्रकार शामिल होते हैं जो जीवन के माध्यम से नेविगेशन और अपने आस-पास के लोगों से जुड़ने के लिए भावनात्मक बुद्धिमत्ता पर निर्भर होते हैं; प्रमुख प्रकारों में पांच से सात तक के प्रकार शामिल हैं जो स्थितियों के बौद्धिक प्रसंस्करण पर निर्भर करते हैं; जबकि एक से नौ प्रकार के शरीर स्थितियों में प्रतिक्रिया करते समय सहज ज्ञान और आंतरिक भावनाओं का उपयोग करते हैं।

पूरे इतिहास में शोधकर्ताओं ने मानव व्यक्तित्व को समझने के लिए विभिन्न तरीकों की खोज की है। ऐसा एक परीक्षण, जिसे द बिग फाइव पर्सनैलिटी टेस्ट (OCEAN) के नाम से जाना जाता है, इस प्रश्न का उत्तर देकर समूहों की सांख्यिकीय प्रतिक्रियाओं का पता लगाने के लिए कारक विश्लेषण विधि के रूप में 1992 में शुरू किए गए गोल्डबर्ग के अंतर्राष्ट्रीय व्यक्तित्व आइटम पूल से प्राप्त बिग फाइव फैक्टर मार्करों का उपयोग करता है: एक आदर्श तरीका क्या है किसी के व्यक्तित्व का सारांश प्रस्तुत करना?"[9]

यद्यपि व्यक्तित्व चर को परिमाणित नहीं किया जा सकता है, उत्तर व्यक्तियों को उनके प्रमुख लक्षणों के अनुसार पांच व्यापक समूहों में वर्गीकृत करते हैं: (ओ-खुलापन सी-कर्तव्यनिष्ठा डी-बहिर्मुखता ई- बहिर्मुखता ए- सहमतता)

एन - न्यूरोटिसिज्म इन व्यक्तित्व प्रकारों को समझकर, आप लोगों की जरूरतों को समझकर, सामान्य हितों के माध्यम से सार्थक संबंध बनाकर और उसके अनुसार अपने व्यवहार को तैयार करके उन्हें बेहतर ढंग से समझ सकते हैं।

यहां एक दिलचस्प बात यह है कि ये व्यक्तित्व प्रकृति और पालन-पोषण दोनों का उत्पाद हो सकते हैं। माता-पिता उन्हें विरासत में दे सकते हैं, या व्यक्ति उन्हें उसी तरह विकसित कर सकते हैं जैसे वे बड़े हुए थे।

आइए इन व्यक्तित्व लक्षणों में गहराई से उतरें और आकलन करें कि क्या प्रकृति या पालन-पोषण का अधिक प्रभाव पड़ता है।

खुलापन यह व्यक्तित्व गुण नए ज्ञान और अनुभवों का स्वागत करने के लिए जाना जाता है। इस पैमाने पर उच्च रेटिंग वाले लोग व्यावहारिक और कल्पनाशील होते हैं और उनकी रुचियां व्यापक रूप से भिन्न होती हैं; नवीनता और जिज्ञासा भी उनके भीतर प्रमुखता से दिखाई देती है; दूसरी ओर, निचली रैंकिंग वाले लोग अधिक सतर्क, सुसंगत और अमूर्त विचार प्रक्रियाओं से जूझने वाले हो सकते हैं। यदि आप इस पैमाने पर किसी के खुलेपन के स्तर को मापना चाहते हैं, तो ये प्रश्न पूछने का प्रयास करें: क्या आपको रोमांच पसंद है?

क्या आपकी कल्पना जंगली है? क्या आप पहले भी नई गतिविधियां शुरू करने वाले व्यक्ति रहे हैं?

क्या आप नई चुनौतियों के लिए तैयार हैं?

इन सभी प्रश्नों का उत्तर "हाँ" देना उच्च खुलेपन के स्तर को दर्शाता है। ऐसे उच्च खुलेपन के स्तर वाले लोग जीवन में चुनौतियों का सामना करना पसंद करते हैं और रचनात्मक आउटलेट की तलाश करते हैं जिसके माध्यम से वे खुद को रचनात्मक रूप से अभिव्यक्त कर सकें। 57% व्यक्तियों में खुलेपन का यह गुण आनुवंशिक रूप से मौजूद है।

कर्तव्य निष्ठां

इस व्यक्तित्व विशेषता की सामान्य विशेषताओं में लक्ष्य-उन्मुख व्यवहार, विचारशीलता और अच्छा आवेग नियंत्रण शामिल है। कर्तव्यनिष्ठ लोग महान योजनाकार होते हैं और जीवन के निर्णय लेते समय आगे की सोचते हैं; इसके अलावा, वे इस बात से भी अत्यधिक परिचित हैं कि उनके कार्यों का दूसरों पर क्या प्रभाव पड़ता है और साथ ही उन समयसीमाओं को भी जिन्हें पूरा करने की आवश्यकता हो सकती है।

कर्तव्यनिष्ठा के पैमाने पर उच्च रैंक वाले लोग कार्यों और विवरणों के प्रति अपने दृष्टिकोण में चौकस, संगठित और कुशल होते हैं। जो लोग निचली रैंक पर हैं वे आमतौर पर शांतचित्त और आरामपसंद होते हैं। यहां कुछ प्रश्न दिए गए हैं जो आपको यह आकलन करने में मदद करेंगे कि कोई व्यक्ति कर्तव्यनिष्ठा के मामले में कहां खड़ा है:

क्या आप आत्म-अनुशासित होने पर गर्व महसूस करते हैं?

क्या आप किसी भी स्थिति के लिए संगठित और तैयार हैं? या क्या आप इसके बजाय सहज बने रहना पसंद करेंगे? क्या आप एक शेड्यूल का पालन करना, कार्यों को तुरंत प्राथमिकता देना और विवरणों पर तुरंत ध्यान देना पसंद करते हैं?

इन प्रश्नों का उत्तर "हाँ" देना किसी व्यक्ति के भीतर उच्च स्तर की कर्तव्यनिष्ठा को दर्शाता है, जैसा कि जीवन और रिश्तों में संगठन और व्यवस्था द्वारा प्रदर्शित होता है। कर्तव्यनिष्ठा का 49% वंशानुगत प्रभाव होता है।

बहिर्मुखी लक्षणों की पहचान सामाजिकता, मुखरता, उत्तेजना, भावनात्मक अभिव्यक्ति और बातूनीपन जैसी विशेषताओं से की जा सकती है। इस व्यक्तित्व विशेषता को प्रदर्शित करने वाले लोग मिलनसार होते हैं और सामाजिक समारोहों में भाग लेते समय सफल होते हैं।

जो लोग बहिर्मुखी पैमाने पर उच्च अंक प्राप्त करते हैं वे ध्यान के केंद्र में रहकर और लोगों के आसपास रहने का आनंद लेकर फलते-फूलते हैं। इसके विपरीत, जो लोग कम अंक प्राप्त करते हैं (अंतर्मुखी) उन्हें सामाजिक मेलजोल थका देने वाला लगता है और वे अन्य लोगों की संगति की तुलना में अकेलेपन का अधिक आनंद लेते हैं।

किसी में बहिर्मुखता को समझने के लिए, निम्नलिखित प्रश्न पूछें: 8.5 क्या आपको सभाओं में ध्यान का ध्यान केंद्रित करने या सामाजिक सेटिंग में बातचीत शुरू करने में कठिनाई का अनुभव होता है? क्या आपको नए लोगों से मिलना अच्छा लगता है और क्या आपके पास परिचितों या दोस्तों का एक बड़ा समूह है?

क्या आप किसी भी बात पर विचार करने से पहले उसे स्पष्ट कर देते हैं?

यदि वे इन सवालों से सहमत हैं, तो वे बहिर्मुखता पैमाने पर उच्च अंक प्राप्त करते हैं। यदि आप अपने आप को ऐसे लोगों के आसपास पाते हैं जो इस पैमाने पर कम अंक प्राप्त करते हैं, तो अत्यधिक बातचीत को प्रोत्साहित करके या उन्हें सामाजिक समारोहों में धकेल कर उन्हें बहिर्मुखी बनने के लिए मजबूर न करें; अंतर्मुखी व्यक्तित्व वाले लोग उन स्थानों और स्थानों के करीब रहते हैं जो भावनात्मक पोषण और आराम प्रदान करते हैं।

बहिर्मुखी गुणों का 54% वंशानुगत प्रभाव होता है।

सहमतता

व्यक्तित्व का यह आयाम दया, विश्वास, स्नेह, परोपकारिता और अन्य सामाजिक विशेषताओं के गुणों को समाहित करता है। सहमतता में उच्च व्यक्ति दयालु, मैत्रीपूर्ण और सहयोगी होते हैं, जबकि इस विशेषता में कम लोग अलग-थलग, विश्लेषणात्मक या प्रतिस्पर्धी हो सकते हैं, कभी-कभी जोड़-तोड़ वाले व्यवहार तक भी पहुंच जाते हैं।

व्यक्तियों से यह जानने के लिए प्रश्न करें कि वे सहमति के पैमाने पर कहां खड़े हैं: क्या वे आसानी से भरोसा करते हैं और आसानी से दूसरों को दूसरा मौका देते हैं, क्या वे सहानुभूतिपूर्ण हैं, क्या वे दूसरों को सहज बनाना पसंद करते हैं, आदि।

क्या आप जरूरतमंद लोगों को सहायता प्रदान करने को लेकर उत्साहित हैं?

इन प्रश्नों का सकारात्मक उत्तर सहमति पैमाने पर उच्च रैंक का संकेत देता है। इस पैमाने पर कम स्कोर करने वाले व्यक्ति अक्सर स्वाभाविक रूप से सहानुभूति का अनुभव नहीं करते हैं और उन्हें खुद को अन्य लोगों के स्थान पर रखने और तदनुसार प्रतिक्रिया करने के लिए सचेत प्रयास और व्यवहार में बदलाव करना चाहिए; 42% वंशानुगत कारक सहमतता गुणों में भूमिका निभाते हैं।

मनोविक्षुब्धता इस व्यक्तित्व आयाम के लिए जिम्मेदार मनोदशा, भावनात्मक अस्थिरता और उदासी जैसे लक्षण हैं। न्यूरोटिसिज्म से तात्पर्य है कि कोई व्यक्ति अपनी भावनाओं को कैसे संभालता है; इस पैमाने पर उच्च अंक प्राप्त करने वाले लोग संवेदनशील, आसानी से चिड़चिड़े और मूड स्विंग के प्रति संवेदनशील होते हैं; दूसरी ओर कम स्कोर करने वाले लोग भावनात्मक रूप से सुरक्षित, सुरक्षित और लचीले होते हैं।
इन प्रश्नों को पूछकर, यह आकलन करना संभव है कि कोई व्यक्ति विक्षिप्तता के पैमाने पर कहां खड़ा है: (चिंताजनक? आसान तनाव मुक्ति? मूड में बार-बार बदलाव)
क्या आपको तनावपूर्ण स्थितियों से निपटना मुश्किल लगता है?

इन प्रश्नों का सकारात्मक उत्तर देना किसी व्यक्ति में उच्च विक्षिप्तता का संकेत देता है। उनके ट्रिगर्स और शांत करने वालों को जानना उनके मूड को नियंत्रण में रखने में फायदेमंद होगा।
न्यूरोटिसिज्म में 48% वंशानुगत घटक होता है।
इन विशेषताओं को समझना और वे लोगों को कैसे प्रभावित करते हैं, यह बेहतर संचार और यह निर्धारित करने की कुंजी है कि आपके सामने किसी के साथ सबसे अच्छा कैसे बातचीत की जाए।

डॉ. डेविड कीर्सी का स्वभाव सिद्धांत
एक शैक्षिक रचनाकार और मनोवैज्ञानिक, डॉ. डेविड कीर्सी ने कीर्सी टेंपरामेंट सॉर्टर की शुरुआत की, जो व्यक्तियों को गतिविधि पैटर्न, संचार आदतों, चरित्र दृष्टिकोण, प्रतिभा और मूल्यों के आधार पर चार स्वभाव समूहों में वर्गीकृत करता है - व्यक्तिगत आवश्यकताओं के सापेक्ष कार्यस्थल में प्रत्येक व्यक्ति के प्रभाव को ध्यान में रखते हुए .
डॉ. डेविड किर्सी का कहना है कि मानव व्यक्तित्व को स्वभाव के आधार पर चार व्यापक समूहों में विभाजित किया जा सकता है। प्रत्येक स्वभाव में शक्तियों, कमजोरियों और गुणों का अपना सेट शामिल होता है जो उसकी विशेषताओं को दर्शाते हैं। इन चार स्वभावों में शामिल हैं:

कारीगर ये लोग कला, साहित्य और कविता जैसे रचनात्मक क्षेत्रों में अपनी विशेषज्ञता से आसानी से दूसरों से अलग पहचाने जा सकते हैं। उनके कार्य उनकी कलात्मकता की अभिव्यक्ति के रूप में कार्य करते हैं जबकि उनकी साहसिक भावना उन्हें कभी-कभी जोखिम लेने या सहज होने की ओर प्रेरित करती है।

अभिभावक अपने आस-पास के लोगों के साथ सहयोग करके और पारंपरिक संस्कृतियों द्वारा समर्थित नियमों का पालन करके समाज में एक आवश्यक स्थान रखते हैं। उनका

समर्पण ही व्यवस्था को अक्षुण्ण बनाए रखने में मदद करता है - वे जनसंख्या के 40 से 45% सदस्य हैं।

आदर्शवादी लोग जो आत्म-विकास और सुधार पर ध्यान केंद्रित करते हैं, संभवतः आदर्शवादी स्वभाव समूह से संबंधित होते हैं, जिनमें दूसरों के प्रति वफादारी की मजबूत भावना होती है, वे ऐसे कार्य करने के लिए प्रेरित होते हैं जो दूसरों की मदद करते हैं, और सक्रिय रूप से ऐसे कदम उठाते हैं जिससे समग्र रूप से समाज को लाभ होता है। 15-20% आबादी इस स्वभाव श्रेणी की है।

तर्कसंगत, जो अपनी व्यावहारिक और तार्किक सोच शैलियों के लिए जाने जाते हैं, सबसे दुर्लभ व्यक्तित्व प्रकारों में से एक हैं और अपनी समस्या-समाधान विशेषज्ञता के लिए प्रसिद्ध हैं। हालाँकि, एक बार जब कोई चीज़ उनकी कल्पना पर कब्जा कर लेती है, तो वे इतने डूब जाते हैं कि वे वास्तविकता से अलग हो जाते हैं कि दूसरे उन्हें अजीब या दूर का समझने लगते हैं।

केवल 5-10% जनसंख्या तर्कसंगत स्वभाव समूह में आती है। करियर परामर्शदाता अक्सर कीर्सी टेंपरामेंट सॉर्टर का उपयोग करते हैं क्योंकि यह लोगों को खुद को बेहतर ढंग से समझने और उन्हें सही करियर पथ पर ले जाने में सहायता करता है।

इन सभी सिद्धांतों का उद्देश्य मानव स्वभाव, व्यक्तियों को क्या प्रेरित करता है और कुछ स्थितियों पर उनकी प्रतिक्रिया को समझना है। शोधकर्ताओं द्वारा दशकों से संचित ज्ञान के साथ, हम लोगों को बेहतर ढंग से पढ़ने और हम सभी के बीच संबंध बनाने में सक्षम हैं।

अध्याय 10: सुनने की कला को पुनः प्राप्त करना

जैसा कि अधिकांश लोग मानते हैं, सुनना सुनने के बराबर नहीं है। लोग आम तौर पर बातचीत में या तो सुने जाने की उम्मीद में या पूरी तरह से न सुने जाने की उम्मीद में प्रवेश करते हैं - बाद वाला मामला अक्सर हमें इस बात पर कम ध्यान देता है कि दूसरा व्यक्ति क्या कह रहा है, जितना हम चाहते थे, दोनों पक्षों को हमारी रुचि की कमी का अनुभव होता है जैसा कि महसूस किया जा रहा है। दोनों पक्षों।

ध्यान से सुनना बातचीत और लोगों को समझने की आपकी क्षमता में गेम-चेंजर साबित हो सकता है। बस लोग वास्तव में क्या कहते हैं उस पर ध्यान देने से सब कुछ बदल सकता है: कोई कैसे सोचता है इसका अनुमान लगाने की कोई आवश्यकता नहीं हैं; यदि आप किसी के दिमाग में झांकना चाहते हैं तो जब कोई बोलता है तो बस ध्यान से सुनें; इसके बजाय जब कोई बोलता है तो अधिक ध्यान दें; कई लोग अपने विचारों और विचारों को स्टील की दीवारों के पीछे नहीं छिपाते हैं, इसके बजाय वे खुले रहना पसंद करते हैं कि वे कौन हैं और अगर आप पर्याप्त ध्यान से सुनते हैं तो वे आपको अंदर आने से नहीं डरते हैं!

यदि आप बोलते समय उनके इरादों की सटीक व्याख्या कर सकते हैं तो आपको किसी के दिमाग को पढ़ने की आवश्यकता महसूस नहीं होगी।

कार्ल रोजर्स और रिचर्ड फ़ार्सन ने पहली बार 1957 में "सक्रिय श्रवण" शब्द को लोकप्रिय बनाया और समय के साथ इसकी परिभाषा व्यापक रूप से मान्यता प्राप्त हो गई। सक्रिय और निष्क्रिय श्रवण श्रवण के दो रूप हैं। सुनने के सर्वोत्तम परिणामों के लिए, व्यक्ति को सक्रिय रूप से सुनने को प्राथमिकता देनी चाहिए। किसी पर वास्तव में ध्यान केंद्रित करने के लिए, किसी को निष्क्रिय की तुलना में सक्रिय श्रवण को प्राथमिकता देने की आवश्यकता है।

सक्रिय रूप से सुनने के लिए मानसिक उपस्थिति, धैर्य और बिना यह महसूस किए सुनने की क्षमता की आवश्यकता होती है कि किसी को प्रतिक्रिया में बोलना चाहिए। बीच में रोकने की किसी भी इच्छा का विरोध करते हुए यह समझने पर ध्यान केंद्रित करें कि दूसरा व्यक्ति क्या संचार कर रहा है। हर बार जब आपको लगे कि आपके पास जोड़ने के लिए कुछ बेहतर है, तो प्रतीक्षा करने का निर्णय लें। हर बार जब हम बोलते हैं तो हम विकास का एक अवसर चूक जाते हैं। किसी को खुद को अभिव्यक्त करने के लिए सुरक्षित स्थान देकर आप बहुमूल्य अंतर्दृष्टि प्राप्त कर सकते हैं। किसी और को अपना हाथ पकड़ने की अनुमति दें क्योंकि वे आपको अपने मन के माध्यम से एक अंतरंग दौरे पर ले जा रहे हैं!

पंक्तियों के बीच अनुमान लगाने और पढ़ने की कोई आवश्यकता नहीं! बस दूसरे व्यक्ति को बिना किसी रुकावट या निर्णय के बात करने दें - इस तरह आप किसी भी अन्य रणनीति की तुलना में उनके बारे में अधिक जान पाएंगे!

लोग अपने बारे में बात करना पसंद करते हैं! वास्तविक रुचि दिखाकर और अपने बारे में वह सारी जानकारी उजागर करने के लिए जांच-पड़ताल वाले प्रश्न पूछकर इस स्वाभाविक प्रवृति का लाभ उठाएं जो वे प्रकट कर सकते हैं।

समर्थन के लिए शारीरिक भाषा का प्रयोग करें

किसी ऐसे व्यक्ति से बात करना जिसकी नज़र आपके कंधे के पीछे किसी चीज़ पर नहीं टिकी है, न तो सुखद है और न ही उत्साहजनक है, इसलिए सुनिश्चित करें कि संचार करते

समय आपकी शारीरिक भाषा आपकी रुचि को प्रतिबिंबित करती है। उनकी ओर मुड़ें, बार-बार मुस्कराएँ और आँख से संपर्क बनाए रखते हुए बार-बार सिर हिलाएँ - ऊब या उदासीन न दिखें क्योंकि यह जल्दी ही स्पष्ट हो जाएगा और जैसे-जैसे आप उनकी पहचान के बारे में अधिक जानेंगे, उनके प्रति अपमानजनक होगा।

विकर्षणों को कम करना

यह आवश्यक है कि आपका मन भटकाव से मुक्त रहे। जब कोई और बोल रहा हो, तो उस बातचीत के दौरान मानसिक सूची बनाने या ईमेल का जवाब देने की इच्छा से बचें; उपस्थित रहें। जो कुछ भी विकर्षण का कारण बनता है उसे हटा दिया जाना चाहिए: अपने फोन को सीधी दृष्टि से दूर रखें ताकि हर बार बजने पर आपको उसे उठाने या नोटिफिकेशन देखने की इच्छा न हो!

प्रोत्साहित होकर सिर हिलाएँ और उनकी कहानियों पर प्रतिक्रिया दें

कहानियों को सुनते समय उत्साहपूर्वक सिर हिलाना, आगे की ओर झुकना और उचित प्रतिक्रिया देना सुनिश्चित करें ताकि यह बताया जा सके कि आप बहुत गहराई से निवेशित हैं, जबकि इसे ज़्यादा न करें ताकि सशक्त दिखें। ऐसे कई तरीके हैं जिनसे आप प्रदर्शित कर सकते हैं कि आप सुन रहे हैं; यहाँ कुछ हैं:

* अपने शरीर का उपयोग करके प्रतिक्रिया दें। उदाहरण के लिए, अपनी आँखें चौड़ी करके खोलना या मुट्ठियाँ कसना एक सुराग के रूप में काम कर सकता है कि कुछ गड़बड़ है - चाहे वह सदमा, आश्चर्य, निराशा या उत्तेजना हो।

* उनके कथन को पुनः दोहराएँ। उदाहरण के लिए, यदि वे आपसे कहते हैं कि वे आम तौर पर अन्य सब्जियों की तुलना में गाजर पसंद करते हैं, तो कुछ इस तरह से जवाब देते हुए कहते हैं, "क्या आप यह कहना चाहते हैं कि पृथ्वी पर सभी सब्जियों के बारे में आपको गाजर पसंद है?" यह दिखाने के लिए कि आप ध्यान दे रहे थे, उन्होंने जो कहा उसे ज़ोर से दोहराएं ताकि दूसरे व्यक्ति को पता चले कि आपने उनकी बात सुनी और समझी है। इससे आपकी रुचि का पता चलता है और उन्हें पता चलता है कि आप उनकी परवाह करते हैं।

* उन्हें खुद को दोहराने के लिए कहें. हालाँकि यह असभ्य लग सकता है, ऐसा करना उनके द्वारा साझा किए गए प्रत्येक शब्द के प्रति आपका सम्मान दर्शाता है और यह सुनिश्चित करता है कि आप कुछ भी महत्वपूर्ण न चूकें।

केवल सुनने से आपको किसी अन्य दृष्टिकोण की तुलना में लोगों के बारे में अधिक ज्ञान प्राप्त करने में मदद मिल सकती है। जब हम किसी के बोलने पर सुनते हैं और प्रासंगिक प्रश्न पूछते हैं, तो हम अन्यथा की तुलना में बहुत कुछ सीख सकते हैं! दूसरों में वास्तविक रुचि दिखाएं और वे आपके लिए अपने दिमागी खेल खोल देंगे!

अध्याय 11: शारीरिक भाषा को सही ढंग से समझना

क्या आप कभी डेट पर गए हैं और यह सोचते रह गए हैं कि दूसरा व्यक्ति क्या सोच रहा है या महसूस कर रहा है? आदर्श रूप से हमें बैठक की प्रगति बताने के लिए संकेत होंगे। अच्छा...वहाँ है! शारीरिक भाषा यह बताने का एक अचेतन साधन है कि कोई कैसा महसूस कर रहा है; इसके संकेतों की ठीक से व्याख्या करना। कभी-कभी ये अवचेतन संकेत अनजाने में ही सामने आ जाते हैं। यूसीएलए अनुसंधान[12] इस बिंदु को दर्शाता है; केवल 7% संचार हम जो कहते हैं (अर्थात, शब्दों के माध्यम से), 38% स्वर के माध्यम से और 55% शारीरिक भाषा का उपयोग करके होता है - इस 55% की व्याख्या करना सीखना लोगों को समझने में बढ़त दे सकता है।

तो अगली बार जब आप डेट पर जाएं या किसी सामाजिक समारोह में शामिल हों, तो इन सूक्ष्म संकेतों पर नज़र रखें:

* मुस्कराती आंखें: वे कहते हैं कि आंखें हमारी आत्मा की खिड़की हैं; यह निश्चित रूप से सच है! जब लोग खुश होते हैं, तो छिपाने की कोशिशों के बावजूद उनकी मुस्कराहट छिपने से बच जाती है, अंततः उनकी आंखों के आसपास की त्वचा झुर्रीदार हो जाती है, जिससे कौवे के पैरों का निर्माण होता है - जिससे उसकी उपस्थिति का पता चलता है! कभी-कभी लोग केवल विनम्रता के कारण या सच्ची भावनाओं को छिपाने के लिए मुस्कराते हैं - इसलिए यदि आप जानना चाहते हैं कि कोई व्यक्ति वास्तव में मुस्करा रहा है, तो बस उनकी आँखों पर ध्यान दें!

*पैर और हाथ क्रॉस करना: किसी के पैर और हाथ क्रॉस करने से उनके सामने खड़े लोगों के खिलाफ एक शारीरिक बाधा उत्पन्न होती है और प्रतिरोध का संकेत मिलता है, भले ही उनके शब्द या मुस्कान अन्यथा संकेत देते हों। मनोवैज्ञानिक व्याख्या से पता चलता है कि यह शारीरिक भाषा किसी को भावनात्मक, मनोवैज्ञानिक या शारीरिक रूप से उनके सामने जो कुछ भी है उससे दूर होने का संकेत देती है।

* उभरी हुई भौंहें: जब कोई अपनी भौंहें ऊपर उठाता है, तो यह चिंता, भय या आश्चर्य का संकेत हो सकता है। आकस्मिक बातचीत में ऐसा करना कठिन है; अपने दोस्तों के साथ कॉफ़ी का आनंद लेते हुए उन्हें बढ़ाने का प्रयास करें और आपको तुरंत अंतर नज़र आएगा।

* मिररिंग बॉडी लैंग्वेज: क्या आपने कभी किसी को अपने सिर को उसी तरह झुकाकर या अपने पैरों को खोलकर आपकी बॉडी लैंग्वेज को मिरर करते हुए देखा है जैसे आप करते हैं? इससे पता चलता है कि आप जो कह रहे हैं उसमें उनकी रुचि है और वे सम्मान के कारण अनजाने में आपकी नकल कर रहे हैं; यदि यह किसी डेट पर होता है, तो यह अमूल्य हो सकता है!

* भिंचा हुआ जबड़ा: संघर्ष या विवाद की स्थिति में उलझते समय, एक विशेषता जो तुरंत स्पष्ट हो जाती है वह है किसी का भींचा हुआ जबड़ा, सिकुड़ी हुई भौंह या तनी हुई गर्दन - क्योंकि असहज होने से उनके शरीर में शारीरिक तनाव उत्पन्न होता है जो तनाव संकेतों में प्रकट होता है जो इस प्रतिक्रिया का कारण बनता है।

* अतिशयोक्तिपूर्ण सिर हिलाना: यदि कोई आपकी बात के जवाब में बार-बार सिर हिलाकर जवाब देता है, तो यह जो कहा जा रहा है उसके साथ उनकी सहमति का संकेत नहीं देता है - बल्कि यह उनकी ओर से चिंता और तदनुसार सिर हिलाकर आपको खुश करने की उनकी इच्छा को दर्शाता है।

भले ही आप किसी के मन को सीधे तौर पर नहीं पढ़ सकते हैं, फिर भी आप उनकी शारीरिक भाषा का निरीक्षण कर सकते हैं और उनकी सच्ची भावनाओं की व्याख्या कर सकते हैं। लोगों

का मनोविज्ञान सीखना एक आजीवन सीखने की यात्रा है जो केवल अनुभव के साथ बेहतर होती जाती है। उनके कार्यों के पीछे की प्रेरणाओं को खोलना और उन्हें व्यक्तित्व लक्षणों के साथ सहसंबंधित करना इस बात की गहरी जानकारी प्रदान करता है कि हमारा दिमाग कैसे काम करता है और आप इसे कैसे सुलझा सकते हैं।

भाग तीन: आपको मेज पर क्या लाना चाहिए

क्या आपने कभी सोचा है कि आपका योगदान किसी बातचीत को कैसे प्रभावित करता है? लोगों को समझने के लिए न केवल यह देखना आवश्यक है कि दूसरे क्या कर रहे हैं, बल्कि स्वयं उनके कार्यों का भी अवलोकन करना आवश्यक है। संचार दोतरफा है; ठीक से चलने के लिए आपको दूसरा पक्ष आपसे जो कह रहा है उसे समझकर और उसके अनुरूप खुद को ढालकर अपना काम करना होगा।

यदि आप पूर्वाग्रहों और विश्वासों से भरे हुए हैं जो आपको पूरी तस्वीर देखने से रोकते हैं तो कोई भी लोगों को सटीक रूप से नहीं पढ़ सकता है। दूसरों का निरीक्षण करना शुरू करने से पहले, अपने बारे में गहन ज्ञान प्राप्त करना आवश्यक है - आप कैसे कार्य करते हैं, सोचते हैं और लोगों को कैसे समझते हैं।

यह अनुभाग यह सुनिश्चित करने के लिए आपकी आंतरिक मान्यताओं का पता लगाता है कि क्या कोई पूर्वाग्रह, पूर्वाग्रह या मानव स्वभाव की सीमित समझ संचार या दूसरों की धारणाओं में बाधा बन रही है।

अध्याय 12: दूसरों को समझने से पहले स्वयं को जानें

याद रखें जब डोनाल्ड ट्रम्प ने ट्वीट किया था "मैं एक बहुत ही स्थिर प्रतिभा हूँ"? उनकी प्रतिक्रिया पर हास्य कलाकारों और पत्रकारों ने आत्म-जागरूकता की कमी के लिए आलोचना की, फिर भी अधिकांश लोग इस क्षेत्र में असफल होते हैं, जिससे अक्सर दूसरों को समझने में कठिनाई होती है। हालाँकि यह पहली बार में भ्रमित करने वाला लग सकता है, "प्रत्येक व्यक्ति आपका दर्पण है," इसलिए किसी अन्य व्यक्ति को पूरी तरह से समझने के लिए, आपको पहले खुद को पूरी तरह से समझने की आवश्यकता है! यह एक ऐसी बात है जिससे अधिकांश लोग अनजान हैं!

यह हमें हमारे अगले प्रश्न (अर्थात स्वयं को कैसे जानें) की ओर ले जाता है। खैर, यह एक व्यापक प्रक्रिया है जिसमें स्वयं के प्रति पूरी तरह से ईमानदार होना शामिल है - कभी-कभी यह आसान या आसान लग सकता है, लेकिन कभी-कभी यह चुनौती आपके जीवन की सबसे बड़ी चुनौती बन जाती है! उदाहरण के लिए, कभी-कभी हमारा गुस्सा या भावनात्मक विस्फोट उचित लग सकता है क्योंकि अन्य लोगों ने उन्हें उकसाया है; फिर भी एक व्यक्ति के रूप में यह हमारी ज़िम्मेदारी है कि हम उन्हें दोष देने के बजाय अपनी प्रतिक्रियाओं को नियंत्रित करें।

ब्लाइंड स्पॉट को ऐसे लक्षणों के रूप में परिभाषित किया जाता है जो दूसरों के लिए दृश्यमान होते हैं लेकिन स्वयं के लिए अदृश्य होते हैं। इस सिद्धांत का परीक्षण करने के लिए सिमिने वाज़िरे नामक एक मनोवैज्ञानिक ने एक प्रयोग किया। उन्होंने प्रतिभागियों से बुद्धिमत्ता, भावनात्मक स्थिरता, मुखरता और रचनात्मकता जैसे विभिन्न लक्षणों के आधार पर खुद का और चार दोस्तों का आकलन करने के लिए कहा ताकि यह देखा जा सके कि कौन अधिक सटीक अनुमान लगा सकता है कि किसने प्रत्येक व्यक्ति के व्यक्तित्व और गुणों की बेहतर भविष्यवाणी की: या तो खुद या उनके दोस्त। लक्ष्य यह पता लगाना था कि किसने व्यक्तित्व की अधिक सटीक भविष्यवाणी की है।

परिणामों से पता चला कि लोग अपने दोस्तों की तुलना में अपनी भावनात्मक स्थिरता के बारे में अधिक जागरूक थे, जैसे कि सार्वजनिक रूप से बोलते समय या समूह चर्चा में बोलते समय वे कितने तनावग्रस्त दिखाई देते हैं। दोस्तों को इस बारे में बेहतर जानकारी थी कि क्या एक मुखर उम्मीदवार ने रचनात्मकता या आईक्यू परीक्षणों में भाग लिया था या उनके प्रदर्शन की भविष्यवाणी की थी।

आपके भावनात्मक बैंडविड्थ को समझने की आपकी क्षमता दूसरों की तुलना में इसकी अधिक दृश्यता में दिखाई देती है।

जो लक्षण आपकी तुलना में अन्य लोगों में अधिक दिखाई देते हैं, वे आपके लिए रहस्यमय रह सकते हैं। कराओके बार में गाने के लिए खुद को और सुनने वालों दोनों को यह विश्वास दिलाने की आवश्यकता होती है कि आपकी प्रतिभा मौजूद है, फिर भी ये श्रोता आपकी गायन शैली और गायन रेंज का सबसे अच्छा आकलन कर सकते हैं।

लोग अपनी बुद्धिमत्ता को अधिक महत्व देते हैं, यह पैटर्न महिलाओं की तुलना में पुरुषों में अधिक देखा जाता है। लोग यह भी अधिक आंकने लगते हैं कि वे वास्तव में कितने उदार हैं क्योंकि उदारता को सराहनीय गुण के रूप में देखा जाता है। लोग गलती से यह भी मान लेते हैं कि वे पक्षपाती या आलोचनात्मक नहीं हैं क्योंकि अपने खिलाफ ऐसे दावों को कौन स्वीकार करेगा?

आप अपने बारे में इस धुंधले दृश्य को कैसे साफ़ कर सकते हैं और स्वयं को दर्पण में स्पष्ट रूप से देख सकते हैं? जब भी आपके लिए अपने किसी पहलू को स्वीकार करना कठिन हो, तो अपने निकटतम लोगों से आपके लिए एक दर्पण रखने में सहायता के लिए पूछें। दोस्तों, माता-पिता या रोमांटिक साझेदारों को किसी अन्य की तुलना में इस बारे में अधिक जानकारी होती है कि आप वास्तव में कौन हैं; फिर भी आपके प्रति उनके प्रेम या पूर्वाग्रह के कारण उनकी धारणा धुंधली हो सकती है।

आपके महत्वपूर्ण गुण आपके व्यक्तित्व का निर्माण करते हैं; उन्हें समझें। इसमें शामिल है:

सफल जीवन के लिए मूल्य (V), रुचियाँ (I), स्वभाव (T), चौबीस घंटे की गतिविधियाँ और लक्ष्य (ATC), जीवन मिशन और लक्ष्य (LMG), महत्वपूर्ण हैं।

एस - कौशल/शक्तियाँ

अपने मूल्यों को पहचानना - जैसे दूसरों की मदद करना, ईमानदार होना, दयालु होना - महत्वपूर्ण जीवन निर्णय लेने और लक्ष्य निर्धारित करने का आधार बनता है। अपने मूल्यों को जानने से कठिन समय में भी आप आगे बढ़ते रहते हैं और प्रेरणा बनी रहती है! इन्हें किसी पत्रिका या डायरी में लिखना आत्म-जागरूकता की दिशा में किए गए कार्यों को प्रेरित करने वाला साबित हुआ है! अपने मूल्यों को जानना!

* निर्णय लेते समय क्या आप भावनाओं या तथ्यों पर भरोसा करते हैं? * आप अपने ऊर्जा भंडार को कैसे रिचार्ज करते हैं - बहिर्मुखी या अंतर्मुखी? * क्या आप हर चीज़ की सावधानीपूर्वक योजना बनाते हैं या प्रवाह के साथ चलते हैं? * क्या आपके लिए विवरण अधिक महत्वपूर्ण हैं या बड़े विचार?

ऐसे प्रश्नों के प्रति आपकी प्रतिक्रियाओं को समझने से आप सहजता से खुद को उन स्थितियों में रख पाएंगे जो विकास को बढ़ावा देंगी, जबकि उन स्थितियों से बचें जो इसे सीमित करती हैं। जब आपका व्यक्तित्व अपने आस-पास के वातावरण के साथ तालमेल बिठाता है, तो ऊर्जा बर्बाद होने के बजाय उत्पादक परियोजनाओं के लिए उपयोग की जाती है और आप पहले की तुलना में कम थकावट महसूस करते हैं।

बायोरिदम या चौबीस घंटे की गतिविधियाँ: यहाँ, ध्यान आपके बायोरिदम या चौबीस घंटे की गतिविधियों पर होना चाहिए, उदाहरण के लिए आप अपने चरम ऊर्जा स्तर का अनुभव कब करते हैं: सुबह या दोपहर? अपने जीव विज्ञान के साथ सामंजस्य स्थापित करने से आप उन गतिविधियों को शेड्यूल कर सकते हैं जब वे सबसे अधिक रिटर्न देंगे; अक्सर ये विशेषताएँ जन्म से ही मौजूद होती हैं - यह केवल उन्हें पहचानने और उनके अनुसार कार्य करने की बात है।

गतिविधियों के साथ जैविक आवृत्तियों का संयोजन पुरस्कृत अनुभव लाता है, जीवन को बहुत सरल बनाता है जब आप वह होने का दिखावा नहीं करते जो आप नहीं हैं!

जब हम अपने जीवन के उद्देश्यों और लक्ष्यों को समझ जाते हैं तो जीवन अधिक खुशहाल और सार्थक हो जाता है। यदि आप अनिश्चित हैं कि ऐसा कैसे किया जाए, तो उन घटनाओं के बारे में सोचें जो आपके जीवन में विशेष रूप से सार्थक थीं, उनके कारणों की जांच करें: क्या ये वे लोग थे जिनसे आप वहां मिले थे या सिर्फ वही भावना थी जो आपने अनुभव की थी? यह

अभ्यास आपके व्यक्तित्व के छिपे हुए पहलुओं को उजागर कर सकता है और साथ ही यह भी उजागर कर सकता है कि आपके करियर निर्णयों या अन्य पहलुओं को क्या प्रेरित करता है।

एक बार जब आप जान जाते हैं कि आप जीवन में कहां जाना चाहते हैं, तो यह आकलन करना आसान हो जाता है कि क्या आपके पास अपने जीवन के लक्ष्यों तक पहंचने के लिए आवश्यक उपकरण या ताकत हैं। इनमें प्रतिभाएं, योग्यताएं या कौशल के साथ-साथ भावनात्मक बुद्धिमत्ता, लचीलापन और वफादारी जैसी चारित्रिक ताकतें भी शामिल हो सकती हैं - इत्यादि।

किसी की ताकत और क्षमताओं को स्वीकार करने से आत्मविश्वास बढ़ता है; उनसे अनभिज्ञ रहने से आत्मसम्मान में कमी आती है।

अपनी शक्तियों को बेहतर ढंग से समझने के लिए, तारीफों पर ध्यान रखें लेकिन उन्हें स्वीकार करते समय संयमित रहें! उदाहरण के लिए, यदि कोई आपसे कहता है कि उन्हें आपकी मधुर आवाज़ पसंद है, तो इसे इस प्रतिभा को निखारने के अवसर के रूप में लें और अधिक बार गाएँ! इसके अलावा, किसी भी कमज़ोरी पर ध्यान दें ताकि वे आपके आत्मविश्वास के लिए हानिकारक न बनें और उपचारात्मक कार्रवाई की आवश्यकता न पड़े।

एक बार जब आप अधिक आत्म-जागरूक हो जाते हैं और खुद को समझते हैं (यानी, आपके व्यक्तित्व के लक्षण, ताकत, कमजोरियां और ट्रिगर), तो आप यह जानकर सशक्त महसूस करेंगे कि आप उस ज्ञान का उपयोग न केवल आत्म-विकास के लिए कर सकते हैं, बल्कि आसपास के लोगों के बारे में अधिक जानकारी प्राप्त करने के लिए भी कर सकते हैं। आप। अपने आप को बेहतर जानने से आप जान पाएंगे कि कहां सीमाएं खींचने की जरूरत है और साथ ही किन ट्रिगर्स से बचना चाहिए ताकि मानसिक शांति बाधित न हो - खुद को थका हुआ महसूस किए बिना 100 प्रतिशत देने के लिए सभी आवश्यक कौशल!

ज्ञान शक्ति है; आत्म-ज्ञान शांति ला सकता है।

अपने पूर्वाग्रहों, पूर्वाग्रहों और सीमाओं को समझें

संभावना है, आपने पूर्वाग्रह के बारे में कहानियाँ सुनी होंगी जहाँ किसी को रोजगार के लिए छोड़ दिया गया था या नस्ल, लिंग या राष्ट्रीयता के कारण कानून प्रवर्तन द्वारा लक्षित किया गया था। ऐसे लोगों के बारे में हमारी स्वाभाविक धारणा यह है कि वे कुछ समूहों के प्रति पक्षपाती होने के कारण बुरे लोग हैं; लेकिन अधिकांश को यह एहसास नहीं है कि मस्तिष्क और मनोवैज्ञानिक विज्ञान के शोधकर्ताओं का दावा है कि पूर्वाग्रह और पूर्वाग्रह अवचेतन प्रक्रियाएं हैं जो अभी भी दूसरों के साथ बातचीत को प्रभावित करती हैं और समाज में सामाजिक अन्याय में योगदान करती हैं।

पूर्वाग्रह (भावनात्मक पूर्वाग्रह), भेदभाव (व्यवहार संबंधी पूर्वाग्रह), और रूढ़िवादिता (संज्ञानात्मक पूर्वाग्रह) दिखाकर अपने तत्काल सामाजिक दायरे से बाहर के लोगों के साथ बातचीत करते समय यह व्यवहार अधिक स्पष्ट हो जाता है। ऐसे पूर्वाग्रह अचेतन हो सकते हैं (अर्थात, स्वचालित और उभयलिंगी); हो सकता है कि उन्हें बड़े पैमाने पर समाज द्वारा भी बढ़ावा दिया गया हो; पालन-पोषण का बहुत बड़ा प्रभाव पड़ता है। आप अपनी अचेतन सोच के बारे में जागरूकता विकसित कर सकते हैं और साथ ही यह भी पहचान सकते हैं कि यह आपको दिन-प्रतिदिन कैसे प्रभावित करती है।

पक्षपात और पूर्वाग्रह कैसे बनते हैं, और उनके बारे में क्या किया जा सकता है?? इन सवालों पर विचार करते समय, पहले इस बात पर ध्यान देना चाहिए कि पूर्वाग्रह और पूर्वाग्रह कहाँ से आते हैं, फिर उनके प्रभाव को कम करने के तरीकों पर ध्यान देना चाहिए। हमारा दिमाग

जानकारी को अलग-अलग वर्गों में वर्गीकृत और अलग करने की प्रवृत्ति रखता है जो इस व्यवहार की ओर ले जाता है। जब आप दूसरों के बारे में ज्ञान का भंडारण, प्रसंस्करण और अनुप्रयोग करके सामाजिक परिस्थितियों में जुड़ाव बनाते हैं, जिसे सामाजिक अनुभूति के रूप में जाना जाता है; अंतर्निहित पूर्वाग्रह तब उत्पन्न होते हैं जब हमारा मस्तिष्क संबंध स्थापित करने के लिए पैटर्न की खोज करता है - कुछ ऐसा जो हमें सीधे अंतर्निहित पूर्वाग्रहों की ओर ले जाता है!

जीवन को सरल बनाने के प्रयास में शॉर्टकट अपनाने की हमारे मस्तिष्क की प्रवृत्ति के कारण निहित पूर्वाग्रह उत्पन्न होते हैं। चूँकि जानकारी की अधिकता डेटा प्रोसेसिंग को बोझिल और समय लेने वाली बना सकती है, मानसिक शॉर्टकट हमें इन सभी को अधिक तेज़ी से छानने और यह पता लगाने की अनुमति देते हैं कि कौन सी जानकारी संबंधित है।

हालाँकि अन्य लोगों के पूर्वाग्रहों और पूर्वाग्रहों को बदलना चुनौतीपूर्ण है, अपनी व्यक्तिगत प्राथमिकताओं की पहचान करके आप उन्हें कम करने में मदद कर सकते हैं और दूसरों को यह समझने में मदद कर सकते हैं कि उनके पूर्वाग्रह दूसरों के प्रति उनके निर्णय और कार्यों को कैसे प्रभावित करते हैं।

आइए नींव से शुरू करें। सबसे पहले और सबसे महत्वपूर्ण, यह पहचानें कि प्रत्येक व्यक्ति व्यक्तिगत गुणों, शक्तियों और कमजोरियों वाला एक व्यक्ति है जिसे वर्गीकृत नहीं किया जा सकता है। इसलिए, लोगों को अंतरंग स्तर पर जानने में समय व्यतीत करें और रूढ़िवादिता या पूर्वाग्रह के आधार पर लोगों को वर्गीकृत करने या रूढ़िबद्ध करने से बचें। यदि किसी के प्रति आपकी प्रतिक्रिया किसी कारण से उत्पन्न होती है, तो ऐसी पूर्वाग्रहपूर्ण मान्यताओं को दूर करने के लिए तुरंत अपना व्यवहार बदलें; हालाँकि कभी-कभी प्रतिक्रियाएँ तेजी से आ सकती हैं; कार्य करने के बाद दोबारा कुछ प्रकार का कार्य करने से पहले विचार करने और अन्य विकल्पों पर विचार करने के लिए कुछ समय लें।

किसी की मानसिकता को बदलने में परिप्रेक्ष्य का परिवर्तन भी महत्वपूर्ण है। चीजों को दूसरे के नजरिए से देखने से, यह खुद को उनकी जगह पर रखता है और आपको यह समझने में मदद करता है कि वे कहां से आते हैं, वे कैसे सोचते हैं और उनके अनुभव क्या हैं। ऐसा करने से आपके भीतर सहानुभूति भी पैदा हो सकती है - एक बार यह भावना पैदा हो जाए, तो आप स्वाभाविक रूप से उनके बारे में निर्णय देने से पहले दो बार सोचेंगे।

नई संस्कृतियों, जातियों और नस्लों के साथ जुड़ना भी आपके दृष्टिकोण को व्यापक बनाने में फायदेमंद है। इन समूहों के लोगों को अधिक समय और ध्यान देने से, आपको तत्काल अपनेपन का एहसास होगा जो उनके खिलाफ किसी भी पूर्वाग्रह को विकसित होने से रोकता है।

योग और ध्यान के अलावा, ध्यान केंद्रित श्वास या केंद्रित योग ध्यान जैसी सचेतन प्रथाएं भी व्यक्तियों को आत्म-जागरूक बनने और अपने विचारों और कार्यों पर नियंत्रण रखने में सक्षम बनाती हैं।

व्यक्तिगत पूर्वाग्रह, पूर्वाग्रह और सीमाएँ परेशान करने वाली हो सकती हैं क्योंकि वे आपको लोगों को एक विशेष दायरे से परे देखने से रोकते हैं - जिसके परिणामस्वरूप उनके बारे में गलत समझ पैदा होती है। लेकिन सकारात्मक पक्ष पर, खुले दिमाग रखने और इन प्रतिबंधों के बारे में जागरूक होने से आप उन्हें खत्म करने या कम से कम कम करने की दिशा में काम करने की अनुमति देंगे - इससे न केवल लोगों के बारे में आपकी समझ में सुधार होगा बल्कि यह आपके दिमाग को और व्यापक बनाएगा और व्यक्तिगत विकास को प्रोत्साहित करेगा।

अध्याय 13: सफलता के लिए अंतर्ज्ञान को समझना

क्या आपने कभी अपने आप को किसी गतिरोध में पाया है, अनिश्चित है कि किस दिशा में जाएँ? आपके लिए उपलब्ध विभिन्न विकल्पों के लिए पेशेवरों और विपक्षों की विस्तृत सूची बनाने के बाद, निर्णय लेने में कोई प्रगति नहीं हो रही है? प्रत्येक विकल्प अलग-अलग बाधाएँ उत्पन्न करता है, जिससे आप अनिश्चित हो जाते हैं कि आगे कैसे बढ़ना है।

इन परिस्थितियों में, अपने बारे में एक ईमानदार सूची बनाना और अपनी सच्ची इच्छाओं की पहचान करना महत्वपूर्ण है। लेकिन अगर यह प्रक्रिया आपके लिए स्वाभाविक रूप से नहीं आती है और दबाव के कारण आप आवेग में आकर काम करते हैं या इसके बजाय लोगों को खुश करने वाला व्यवहार करते हैं, तो परिणाम विनाशकारी हो सकते हैं!

मुसीबत के समय अंतर्ज्ञान आपका मित्र हो सकता है। कुछ लोग इसे अंतर्ज्ञान कहते हैं; अन्य लोग इसे अपनी आंतरिक भावना या आंतरिक आवाज़ या अनुमान के रूप में संदर्भित करते हैं; इससे कोई फर्क नहीं पड़ता कि इसे किस नाम से जाना जाता है, अंतर्ज्ञान आपको यह बताकर कठिन जीवन पथ पर मार्गदर्शन करेगा कि निर्णय आपके दिल के अनुरूप कब होगा।

हालाँकि, कई लोगों को अपने अंतर्ज्ञान को पहचानना चुनौतीपूर्ण लगता है। ऐसा इसलिए है क्योंकि हमारी आंतरिक बाधाएँ अक्सर रास्ते में आ जाती हैं, जैसे कि अत्यधिक सोचना, अनुमोदन प्राप्त करना, अंतर्निहित पूर्वाग्रह और अतीत के आघात जो हमें इसमें शामिल होने से रोकते हैं। इन बाधाओं पर काबू पाने के लिए आत्म-जागरूकता और यह पहचानने की क्षमता की आवश्यकता होती है कि आपके निर्णयों को क्या प्रेरित कर रहा है; जब यह हासिल हो जाता है तो मजबूत अंतर्ज्ञानी सोच ऐसे निर्णयों की ओर ले जाती है जो हमें एक व्यक्ति के रूप में लाभान्वित करते हैं और उन निर्णयों को चुनने में सावधानी बरतते हैं जो हमारे लिए फायदेमंद होते हैं।

हेनरी फोर्ड जैसे प्रसिद्ध लोग उन लोगों के महान उदाहरण हैं जो अंतर्ज्ञान पर भरोसा करते हैं। ऐसा ही एक व्यक्ति 1914 में था जब हेनरी फोर्ड को अपनी कंपनी में घटती मांग और उच्च टर्नओवर का सामना करना पड़ा था। पारंपरिक सलाह का पालन करने और कर्मचारियों के वेतन में 50% की वृद्धि करने के बजाय उन्होंने एक साहसिक कदम उठाया और इसे दोगुना कर दिया, जिससे टर्नओवर दर में कमी आई और अधिक कर्मचारी अपने लिए कारें खरीद रहे थे और अंततः मांग फिर से बढ़ गई।

अल्बर्ट आइंस्टीन एक और उल्लेखनीय वैज्ञानिक थे जिन्होंने अपने अंतर्ज्ञान के कारण भौतिकी के पारंपरिक सिद्धांतों की अवहेलना की। उन्होंने स्वीकार किया कि वह प्रेरणाओं और अंतर्ज्ञान में विश्वास करते थे और निश्चित रूप से न जानने के बावजूद उन्हें विश्वास था कि वह सही थे। जब रॉयल अकादमी द्वारा वित्त पोषित वैज्ञानिकों ने आइंस्टीन के सापेक्षता के सिद्धांत का परीक्षण करने के लिए प्रयोग किए तो उन्हें उनकी सफलता के बारे में निश्चित था - तब कोई आश्चर्य नहीं हुआ जब 29 मई, 1919 को ग्रहण ने उनके सिद्धांत को साबित कर दिया!

पॉल मेकार्टनी ने "कल" बनाते समय अंतर्ज्ञान पर बहुत अधिक भरोसा किया। उनके अनुसार, उन्होंने कुछ ऐसा लिखने का सपना देखा था जो बेहद लोकप्रिय हो, लेकिन उन्हें डर था कि इसकी सामग्री अपेक्षा से भिन्न हो सकती है। फिर भी उन्होंने खुद पर भरोसा किया और अंतर्ज्ञान पर भरोसा किया जो अंततः उन्हें सफलता की ओर ले गया और जिसे उन्होंने "सबसे जादुई अनुभव" माना।

तो वास्तव में अंतर्ज्ञान क्या है? अंतर्ज्ञान के बारे में एक मुख्य बात जो याद रखनी चाहिए वह यह है कि इसमें तर्क का अभाव है; इसके बजाय यह निर्णय लेने के लिए भावनात्मक प्रवृत्ति, अनुभव या अन्य कारकों पर निर्भर करता है। इसके अलावा, अंतर्ज्ञान को तीन अलग-अलग श्रेणियों में विभाजित किया जा सकता है।

* अंतर्दृष्टि और सुसंगतता: यह क्षेत्र बुद्धिमत्ता (आईक्यू) से संबंधित है और इसमें किसी चीज़ के स्रोत को समझे बिना उसे साकार करना शामिल है।

व्यक्तिपरक अंतर्ज्ञान का तात्पर्य किसी चीज़ को जानने का भ्रम होना है, जिसका उपयोग अक्सर बौद्धिक रूप से जिज्ञासु और पहेली सुलझाने वाले प्रकारों द्वारा किया जाता है। * अंतर्निहित सीखने का तात्पर्य संज्ञानात्मक पैटर्न को उठाकर कुछ जानना है।

अंतर्ज्ञान आपके मस्तिष्क द्वारा सचेतन और अवचेतन रूप से संसाधित की गई जानकारी के साथ, वर्तमान स्थितियों के साथ पिछले अनुभवों के पैटर्न के मिलान पर निर्भर करता है। फिर आपका अंतर्ज्ञान इन विचारों और पैटर्न को आपके मस्तिष्क के अचेतन हिस्से से खींचता है और उन्हें सीधे वर्तमान परिदृश्य में लागू करता है - इससे निर्णय अधिक तेजी से और निर्णायक रूप से लिए जाते हैं।

मस्तिष्क की भविष्य कहनेवाला क्षमताएं छिपे हुए ज्ञान के मिलान या बेमेल होने से काम आती हैं जो वर्तमान अनुभवों के साथ जागरूकता तक नहीं पहुंच पाया है।

हमने इसे अंतर्ज्ञान पर व्याख्यान में क्यों बदल दिया है? सिर्फ इसलिए कि एक बार जब आप इसके कामकाज और निर्णय लेने पर इसके प्रभाव को समझ लेते हैं, तो आप इसे डर से प्रेरित भावनात्मक प्रतिक्रियाओं से अलग करने में सक्षम हो सकते हैं और अधिक प्रभावी जीवन निर्णय लेने के लिए इसकी अंतर्दृष्टि का उपयोग कर सकते हैं।

आप न केवल अपने अंतर्ज्ञान को पहचान सकते हैं, बल्कि विभिन्न अभ्यासों के माध्यम से इसे और मजबूत भी कर सकते हैं।

जानबूझकर किया गया आत्मनिरीक्षण आत्म-जागरूकता बढ़ाने और आपकी प्राथमिकताओं को स्वीकार करने में मदद करता है। जो व्यक्ति नियमित रूप से आत्मनिरीक्षण में संलग्न रहते हैं, वे अपनी भावनाओं का पता लगाते हैं, वे उन्हें कहाँ प्रभावित करते हैं, और उनकी भावनात्मक प्रतिक्रियाएँ कहाँ निहित हैं। जो लोग नियमित रूप से आत्मनिरीक्षण करते हैं वे अपनी भावनाओं को महसूस करने से नहीं डरते; बल्कि वे यह पूछने की आदत बना लेते हैं कि "मैं इस बारे में कैसा महसूस कर रहा हूँ?" उनकी भावनाओं को पहचानने और उन पर भरोसा करने के लिए।

अत्यधिक सहज ज्ञान वाले व्यक्ति किसी काल्पनिक दिखावे के पीछे छुपे बिना, "चाहिए-होना चाहिए" में फंसने के बजाय अपनी जरूरतों और इच्छाओं पर विचार करने के लिए खुद के प्रति खुले और ईमानदार होने के लिए जाने जाते हैं। उनका दृष्टिकोण उन मूल्यों से प्रेरित होता है जो उनके भीतर संतुलन बनाए रखने में मदद करते हैं और अंतर्ज्ञान को नियंत्रण में रखते हैं।

अपनी ऊर्जा को रिचार्ज करते हुए, वे समय-समय पर खुद को रिचार्ज करने और प्रतिबिंबित करने के लिए एकांत की तलाश करते हैं। एकांत पार्कों और जंगलों में इत्मीनान से टहलने, अग्निकुंड के पास कॉफी पीने या समुद्र के किनारे बैठकर सूर्यास्त देखने के रूप में आ सकता है - कोई भी गतिविधि जो उन्हें सांस लेने की जगह देते हुए अपनी आंतरिक आवाज सुनने की अनुमति देती है।

सहानुभूति एक और विशेषता है जो आमतौर पर सहज ज्ञान वाले लोगों में पाई जाती है। खुद को अन्य लोगों के स्थान पर रखने और यह समझने की उनकी क्षमता कि कोई अन्य व्यक्ति किसी घटना का अनुभव कैसे कर सकता है, उन्हें कई अन्य लोगों के लिए पसंदीदा व्यक्ति बनाती है। उनका अंतर्ज्ञान उन्हें यह समझने के लिए उत्सुक बनाता है कि करीबी लोग कैसा महसूस करते हैं; जिज्ञासा से नहीं बल्कि व्यक्तियों के बीच मजबूत संबंध स्थापित करने की इच्छा से; जितना अधिक सहज ज्ञान युक्त सहानुभूति किसी से परिचित हो जाती है, उनके लिए उस व्यक्ति की मनोदशा का अनुमान लगाना और उनकी जरूरतों और भावनाओं का पता लगाना उतना ही आसान हो जाता है। उनकी इंद्रियां शारीरिक भाषा और सामाजिक बातचीत जैसे संकेतों को पकड़ती हैं जो उन्हें अधिक सटीक रूप से समझने में मदद करती हैं कि शारीरिक भाषा या सामाजिक बातचीत के संदर्भ में व्यक्तियों को उनके आस-पास के लोगों से क्या चाहिए जो बिंदुओं को जोड़ने में मदद करते हैं ताकि यह समझ सकें कि एक दूसरे व्यक्ति को उनसे क्या चाहिए और समझ शारीरिक भाषा या सामाजिक संपर्क के संदर्भ में लोगों को दूसरों से क्या चाहिए, जो सहज ज्ञान युक्त सहानुभूति को यह समझने में मदद करता है कि एक-दूसरे व्यक्ति को उनसे क्या चाहिए।

अंतर्ज्ञान एक शक्तिशाली संसाधन हो सकता है जो आपको हानिकारक स्थितियों से बचने में मदद कर सकता है और आपको उन स्थितियों की ओर मार्गदर्शन कर सकता है जो अधिक संतुष्टि लाएँगी। अपनी तात्कालिक प्रतिक्रियाओं और मानसिक क्षमता खोलने की क्षमताओं के साथ, अंतर्ज्ञान हमें त्वरित, सूचित निर्णय लेने में मदद करता है। उन स्थितियों को पहचानें जहां इस संसाधन का पूरी तरह से उपयोग करने के लिए अंतर्ज्ञान सबसे अधिक तत्परता से उभरता है। इसकी शक्ति को अधिकतम करने के लिए ऐसे क्षणों को पुनः बनाएँ।

अध्याय 14 - "स्वयं के प्रति सच्चे रहें"

आज के समाज में रहना हमारे कार्यों, सोच और व्यक्तित्व को कई तरह से आकार देता है; इस जीवन में आगे बढ़ते हुए स्वयं के प्रति सच्चा रहना चुनौतीपूर्ण हो सकता है; फिर भी प्रामाणिक होना आपकी पूरी क्षमता को उजागर करने और आपकी पूरी क्षमता का एहसास करने में मदद करता है।

जब कोई आपसे पूछता है कि आप कैसे हैं, तो आपको कैसे प्रतिक्रिया देनी चाहिए? क्या आप यह मान लेते हैं कि उन्हें ज़्यादा परवाह नहीं है और "मैं ठीक हूँ" जैसा निष्ठाहीन उत्तर देते हैं? या क्या आपको ईमानदारी से उत्तर देने पर विचार करना चाहिए कि आप वास्तव में कैसा महसूस कर रहे हैं? अधिकांश लोग बाद वाला दृष्टिकोण चुनते हैं क्योंकि किसी की वास्तविक स्थिति का खुलासा करने से उनके बारे में आगे की बातचीत शुरू हो जाएगी जिससे बहुत से लोग बचना पसंद करते हैं।

आदर्शवादी रूप से, लोग स्वयं को स्वतंत्र रूप से अभिव्यक्त करने से नहीं डरेंगे और दूसरों से दूर रहने के बजाय मुखौटे पहनेंगे। हालाँकि, दुर्भाग्य से, जब हम अपने मुखौटे बहुत देर तक पहने रहते हैं तो उन्हें उतारना मुश्किल हो जाता है, जिससे हम वह बन जाते हैं जो हम नहीं हैं और अकेले होने पर भी हम यह सोचना शुरू कर देते हैं कि दूसरे हमें कैसे देखते हैं और दूसरे हमारे बारे में क्या सोच सकते हैं।

डेनिश मनोवैज्ञानिक स्वेन्ड ब्रिंकमैन ने कहा कि लोग अक्सर खुद से और दूसरों से हमेशा खुश और सकारात्मक दिखने की उम्मीद करते हैं; हालाँकि, इसके नकारात्मक दुष्प्रभाव हो सकते हैं। जबकि सकारात्मक रहना अपने आप में सकारात्मक हो सकता है, हर समय खुश दिखने में अपनी सच्ची भावनाओं को छिपाना शामिल हो सकता है ताकि सकारात्मक दिखकर दूसरों को खुश किया जा सके।[14]

कोई भी हर समय खुश और आशावादी नहीं रह सकता। यह दिखावा करने से कि सब कुछ ठीक है जबकि आप ठीक नहीं हैं, आप दृढ़ रहना बंद कर देते हैं और जो आप वास्तव में हैं उससे भटकना शुरू कर देते हैं। नकारात्मक भावनाओं को स्वीकार करना इस बात पर विचार करने के लिए प्रेरित करता है कि इसका कारण क्या है और ऐसी घटनाएँ जो इसके प्रकट होने में योगदान दे सकती हैं; एक बार मिल जाने पर उसके समाधान की दिशा में प्रयास किये जाने चाहिए; केवल समस्याओं को छिपाए रखने से समय के साथ उनकी गंभीरता बढ़ती जाएगी और वे असहनीय हो जाएंगी।

आप अपना सच्चा स्वरूप बनने की राह पर कैसे चल सकते हैं?

असुरक्षित होना सीखें

स्वयं के प्रति सच्चे होने का अर्थ है कि आपको जो चाहिए वह माँगने और उसे मौखिक रूप से व्यक्त करने में सक्षम होना। भाषण के माध्यम से भावनाओं को व्यक्त करने से हमें अपनी जरूरतों और इच्छाओं को व्यक्त करने की अनुमति मिलती है, जैसे किसी को यह बताना कि "यह ठीक है, ठीक नहीं है"। अपने एक पहलू को नज़रअंदाज करने का मतलब दूसरे हिस्से को दबाना हो सकता है; अपना सच्चा स्वरूप होने का अर्थ है अपने सभी हिस्सों को स्वीकार करना - जरूरतमंद के साथ-साथ आत्मनिर्भर हिस्से भी!

भेद्यता दूसरों को आपकी खामियों या कमजोरियों को उजागर करने की कम शक्ति देती है; एक बार जागरूक हो जाने पर, अन्य लोग इनका उपयोग आपके विरुद्ध नहीं कर सकते।

यह देखने के लिए कुछ समय निकालें कि जब आसपास कोई न हो तो आप कैसा व्यवहार करते हैं; कौन से कार्य दूसरों को या स्वयं को प्रसन्न करते हैं? आपका प्रामाणिक, सर्वोत्तम स्वयं बनना सफल होने या उच्च स्थिति होने पर निर्भर नहीं करता है; बल्कि इसमें किसी के मौजूद न होने पर आप कैसे व्यवहार करते हैं, इसके माध्यम से चरित्र का विकास करना शामिल है।

आप जो जीवन चाहते हैं उसे हासिल करने के लिए यह जरूरी है कि आप जो बनना चाहते हैं उसके प्रति सच्चे रहें। बहुत से लोग जीवन में "जब तक आप सफल नहीं हो जाते तब तक इसे नकली बनाएं" दृष्टिकोण अपनाते हैं, लेकिन यह चुनौतीपूर्ण हो सकता है यदि प्रामाणिक रूप से जीने के लिए जुनून और इच्छा की कमी हो। एक मजबूत चरित्र लचीलापन विकसित करने में मदद करता है जो हमें अपने इच्छित गंतव्य तक अधिक आसानी से पहुंचने की अनुमति देता है।

चरित्र इस बात से परिभाषित होता है कि आप किसी भी स्थिति में कैसे प्रतिक्रिया करते हैं, न कि आपके साथ जो होता है उसका शिकार बनते हैं। बाधाओं का सामना होने पर सही काम करना इस अवधारणा का हिस्सा है; दूसरे पहलू में उन पर काबू पाने का प्रयास करना शामिल है ताकि दूसरों को यह साबित किया जा सके कि आप अपने रास्ते में आने वाली किसी भी चुनौती का सामना कर सकते हैं। अपने जीवन की जिम्मेदारी लेने का अर्थ है विकल्पों और कार्यों के संबंध में क्षमा न करना, कठिनाई के समय भी आशावादी बने रहना, और जिस जीवन की आप कल्पना करते हैं उसे बनाने के लिए अपना सर्वश्रेष्ठ स्वयं बनना।

लेकिन आप यह कैसे पहचानेंगे कि आप वास्तव में क्या चाहते हैं? दुर्भाग्य से, सफलता, रुतबा या धन हमेशा खुशी या संतुष्टि नहीं लाते - भौतिकवादी लक्ष्यों के लिए हमारी इच्छा यह विश्वास न करने से आती है कि हम पर्याप्त हैं।

मनुष्य को "पर्याप्त" महसूस करने की आवश्यकता है कि वे कौन हैं, जो उनमें से कई को महंगी चीजें खरीदने और शानदार रेस्तरां में भोजन करने के लिए प्रेरित करता है। आपका अहंकार आपको ऐसा व्यक्ति बनने के लिए कहना शुरू कर देता है जो आप केवल दूसरों के सामने अपनी योग्यता साबित करने के लिए नहीं हैं; लेकिन यह आत्म-मूल्य की सच्ची समझ को प्रतिबिंबित नहीं करता है।

अहंकार मूल्य और आत्म-प्रेम की अपनी निरंतर खोज से हमारे प्रामाणिक स्व को दबा सकता है, इसलिए उस शून्य को भरने के साधन के रूप में हम धन या स्थिति की तलाश करके इसे पोषित करते हैं।

यह स्वीकार करना कि आप सभी भौतिकवादी तामझाम के बिना पर्याप्त हैं, यह समझने की कुंजी है कि आप वास्तव में कौन हैं और अपने लिए वह जीवन बनाएं जिसकी आप कल्पना करते हैं। अपने भीतर इस पर गहराई से विश्वास करके, आप वास्तव में जो हैं उससे जुड़ सकते हैं और अपने लिए एक पूर्ण अस्तित्व को आकार दे सकते हैं।

यह स्वीकार करने और पहचानने से कि आप वास्तव में कौन हैं, आप यह संकेत भेजते हैं कि आप ब्रह्मांड द्वारा आपके सामने निर्धारित मार्ग पर चलने के लिए तैयार हैं, रास्ते में आने वाली किसी भी चुनौती को पार कर सकते हैं और एक खुश और संतुष्ट व्यक्ति बनकर उभर सकते हैं।

क्या हम बहुत मुश्किल से पढ़ रहे हैं (आलोचना कर रहे हैं)? कुछ दिन पहले, अपने शाम के वर्कआउट सत्र के लिए जिम में प्रवेश करने के लिए लाइन में इंतजार करते समय, मैंने दो महिलाओं को एक अन्य जिम सदस्य के बारे में चर्चा करते हुए सुना, जिसे वे "फैट-ए** जूडी"

के नाम से जानते थे। एक ने कुछ इस तरह कहाः "मुझे आश्चर्य है कि क्या वह आज रात यहाँ है..."।

"हाँ, वह वहाँ है। जीसस, वह बहुत ही अद्भुत है।"

जब उनकी बारी आई तो दोनों महिलाएं मनोरंजन के तौर पर जुड़ी पर हंसते हुए जिम में दाखिल हुईं। ये वयस्क महिलाएं थीं जिनके मनोरंजन का स्रोत अपने से अलग तरीके से मुद्दों से निपटने वाले किसी व्यक्ति की आलोचना करना था।

इस तरह की घटनाएँ हमें याद दिलाती हैं कि निर्णय एक अप्रिय भावना है। दुर्भाग्य से, निर्णय अक्सर किसी और को परिभाषित करने की तुलना में आपको अधिक परिभाषित करता है; आप अक्सर अपने भीतर की कमज़ोरियों से उपजते हैं।

क्या इनमें से कोई भी स्थिति आपको परिचित लगती है? "उस लड़की के इंस्टाग्राम पर मेरे से अधिक फॉलोअर्स क्यों हैं, भले ही उसकी तस्वीरें ऐसी दिखती हैं जैसे वे किसी प्राथमिक छात्र द्वारा ली गई थीं?" इसका मतलब यह है कि आप चाहते हैं कि आपके अकाउंट पर अधिक फॉलोअर्स हों, लेकिन आप हर समय इसके बारे में असुरक्षित महसूस करते हैं।

"वह आदमी हमेशा खुश और अच्छा लगता है; यह नकली होना चाहिए!" यह लोगों से जुड़ने की उसकी क्षमता के प्रति आपकी ईर्ष्या को दर्शाता है और चाहता है कि आपका जीवन भी उतना ही संतोषजनक हो जितना उसका है; हालाँकि, व्यक्तिगत रूप से खुद को बेहतर बनाने की दिशा में काम करने के बजाय आप दूसरों को आंकते हैं और उन पर लेबल लगाते हैं।

"वह सोचता है कि वह अपनी महंगी कार और घर के कारण इतना महत्वपूर्ण है; कितना सतही है!" तुम्हारे होंठ ऐसा कहते हैं, जबकि तुम्हारा हृदय कुछ और जानता है; हालाँकि, आपके होंठ जो व्यक्त करते हैं उसका वास्तव में मतलब यह हो सकता है कि ये सभी विलासिताएँ आपको लगातार टूटे हुए महसूस करने के बजाय यह सोचने पर मजबूर करती हैं कि आप एक अलग जीवन शैली जी रहे होते।

अपने चारों ओर देखें और किसी ऐसे व्यक्ति की पहचान करने का प्रयास करें जो खुद के प्रति आश्वस्त दिखता है जबकि दूसरों का कठोरता से मूल्यांकन करता है। संभावना यह है कि ऐसा कोई नहीं होगा क्योंकि आपके निर्णय कमजोरियों, असुरक्षाओं और कमजोरियों को उजागर करते हैं जिन्हें आप समाज से छिपाने का प्रयास करते हैं।

हम दूसरों को इतनी आसानी से आंकने का एक कारण यह है कि हम स्वयं के साथ भी ऐसा ही करते हैं - सभी रास्ते "हम" तक वापस जाते हैं।

यदि आप स्वयं को पढ़ते हुए और दूसरों के बारे में बहुत कठोरता से निर्णय लेते हुए पाते हैं तो आप क्या कर सकते हैं? हालाँकि पूरी तरह से रुकना आदर्शवादी लग सकता है, लेकिन यह बिल्कुल संभव नहीं है। हालाँकि, एक बेईमान निर्णय राक्षस बनने से पहले खुद को पकड़ने का एक प्रभावी तरीका है: किसी को पढ़ते या उसका मूल्यांकन करते समय ध्यान दें और ऐसा बनने से पहले रुकें!

जिज्ञासु बनें। निर्णय तर्कसंगत सोच में बाधा डालता है और आपको लोगों या स्थितियों को समझने से रोकता है; कई बार ये दृढ़ विश्वास सीमित जानकारी से आते हैं।

जिज्ञासा व्यक्ति को इस संभावना के प्रति खुला रखती है कि स्थिति में और भी कुछ हो सकता है; पर्दे के पीछे का कुछ ऐसा दृश्य जिसे आप नहीं देख रहे हैं।

जैसे ही कोई अजीब तरीके से या आपकी प्राथमिकताओं के विरुद्ध कार्य करता है, तो अपने आप से यह सरल प्रश्न पूछें: "क्या उस व्यक्ति के साथ कुछ ऐसा हो रहा है जिसे मैं नहीं देख सकता?" यह दृष्टिकोण स्पष्ट प्रतीत हो सकता है, लेकिन यह आपको याद दिलाने का काम करेगा कि अक्सर जो दिखता है उससे कहीं अधिक होता है।

लोगों पर निर्णय देना आसान हो सकता है और संतुष्टिदायक भी महसूस हो सकता है; हालाँकि, जिज्ञासु बने रहने के लिए भावनात्मक बुद्धिमत्ता, परिपक्वता और आत्म-नियंत्रण की आवश्यकता होती है।

किसी के बारे में तत्काल निर्णय लेने से पहले, भद्दे शब्द बोलने या संदेश भेजने से पहले रुकें और सोचें। शब्द वापस नहीं लौटते, एक बार कहे गए शब्द जीवन भर बनी रहने वाली प्रभावशाली छाप छोड़ जाते हैं! अपने आप को उनकी स्थिति में रखें ताकि आप उनके इरादों को समझ सकें; नकारात्मक विचार पैटर्न को रचनात्मक में बदलें ताकि आप भीतर से नकारात्मकता का मुकाबला कर सकें - फिर उसके स्रोत को खत्म कर दें!

व्यक्तिगत वृद्धि और विकास का एक अभिन्न अंग है अपनी खामियों के प्रति जागरूक होना, अधिक सकारात्मक और परिपक्व व्यक्ति बनने के लिए पैटर्न बदलना, जबकि इस यात्रा के हिस्से के रूप में दूसरों को बिना निर्णय या आलोचना के स्वीकार करना।

अध्याय 15: अपनी प्रेरणा निर्धारित करें

जैसा कि भाग दो में चर्चा की गई है, यह समझना महत्वपूर्ण है कि दूसरों को क्या प्रेरित करता है; लेकिन आपकी ख़ुशी और खुशहाली के लिए यह पहचानना और समझना भी उतना ही आवश्यक है कि जीवन में आपको क्या प्रेरित करता है। खुद को प्रेरित और उत्साहित रखने से, आपको ऊर्जा और प्रेरणा मिलेगी जो आपके भीतर खुशी को बढ़ावा दे सकती है और आपके आस-पास के लोगों में फैल सकती है - ठीक उसी तरह जैसे एक खाली कुएं को भरने से राहत नहीं मिल सकती है!

आंतरिक प्रेरणा वित्तीय स्वतंत्रता, स्वास्थ्य लाभ, स्थिरता या आत्म-संतुष्टि सहित कई स्रोतों से आ सकती है। प्रत्येक व्यक्ति अपनी प्रेरणा में अद्वितीय है; इसलिए कुछ लोग कार्य या कौशल-उन्मुख कार्य के साथ अधिक सफल होते हैं जबकि अन्य सेवा नौकरियों में बने रहते हैं - ये कारक निर्धारित करते हैं कि कोई कौन सा रास्ता चुनता है।

1. आंतरिक प्रेरणा: ऐसी गतिविधियाँ जिन्हें आप स्वयं के लिए करने में आनंद लेते हैं, जैसे अपराध पत्रकारिता का अध्ययन करना क्योंकि अपराध वृत्तचित्र देखना और रहस्यमय उपन्यास पढ़ना इसे प्रेरित करता है।

2. परिभाषित प्रेरणाएँ: जिन गतिविधियों में आप शामिल होते हैं वे आपको अपने लक्ष्यों को प्राप्त करने के करीब लाती हैं; उदाहरण के लिए, यदि आपका उद्देश्य कानून प्रवर्तन एजेंट के रूप में काम करना है तो अपराध पत्रकारिता का अध्ययन करना।

बच्चों की खुशी और कल्याण पर आंतरिक और पहचानी गई प्रेरणा के प्रभावों का पता लगाने के लिए किए गए अध्ययनों से पता चला है कि जो बच्चे अधिक सीखने के लिए आंतरिक रूप से प्रेरित थे, वे अपने ग्रेड की परवाह किए बिना मनोवैज्ञानिक रूप से बेहतर स्थिति में थे।

एक बार जब आप समझ जाते हैं कि कौन सी प्रेरणा किन कार्यों को प्रेरित करती है, तो अगला कदम यह पहचानने का होना चाहिए कि आपको क्या प्रेरित करता है। आत्म-मूल्यांकन करने और इस बारे में ईमानदार होने से कि आप अब कैसे और क्यों बन गए हैं, यह पहचानने में मदद मिल सकती है कि आपको क्या प्रेरित करता है - फिर आप जीवन में जहां होना चाहते हैं, वहां पहुंचने के लिए एक कार्य योजना बनाएं।

विशेषज्ञ प्रेरणा की पहचान करने की कोशिश करते समय सलाह देते हैं कि उन क्षणों को याद करना मददगार होता है जब आप किसी चीज़ को पूरा करने के लिए सबसे अधिक जीवंत और उत्सुक महसूस करते थे। उन कार्यों पर विचार करने से जिनमें विशेष रूप से उच्च सहभागिता दर थी, यह पता चल सकता है कि आपके जुनून कहाँ हैं।

उन उदाहरणों को याद करें और विचार करें कि किस कारण से आपकी उपलब्धि या उत्साह की भावना पैदा हुई, फिर यह समझकर उनके कारणों का पता लगाएं कि चीजें इस तरह क्यों हुईं। इस प्रश्न का उत्तर देकर, प्रेरकों की पहचान करने में मदद मिल सकती है। यहां कुछ प्रश्न दिए गए हैं जिन्हें आप स्वयं से पूछ सकते हैं:

* आप दो से तीन वर्षों में स्वयं को कौन बनने की कल्पना करते हैं?

यह व्यक्ति कैसा व्यवहार करेगा? यदि पैसा और संसाधन आपके लिए कोई मुद्दा नहीं होते, तो आप आत्मा की उदारता से किसकी मदद करते? आप किस चीज़ में रुचि रखते हैं या आपको प्रेरित करते हैं, इसके संबंध में आप एक प्रभावशाली वक्तव्य कहाँ देना चाहेंगे। * कौन से शौक और शौक आपको खुश करते हैं?

* स्वयं का सर्वश्रेष्ठ संस्करण बनने और अपने लिए जिस जीवन की आप कल्पना करते हैं उसका निर्माण करने के लिए आपको कौन से गुण विकसित करने चाहिए?

अपनी प्रेरणाओं को उजागर करने और ऐसा जीवन जीने के लिए निम्नलिखित प्रश्नों के उत्तर दें जो आपके मूल्यों और विश्वासों को प्रतिबिंबित करता हो।

प्रेरित होने की दिशा में एक महत्वपूर्ण कदम डर का सामना करना है। डर हमें आगे बढ़ने से रोकता है; यह आंदोलन में बाधा डालता है, हमें हर मोड़ पर खुद पर संदेह करने का कारण बनता है, और हमें सावधानी के अनावश्यक रास्ते पर ले जाता है। दुर्भाग्य से, कभी-कभी हमारा डर जोखिमों के सटीक मूल्यांकन के बजाय कल्पना से उत्पन्न होता है; भले ही अपने कार्य को आगे बढ़ाने के लिए उत्साह भय पर हावी हो जाए, फिर भी हमारे कुछ हिस्से ऐसे होंगे जो बाहरी प्रभावों से बचना चाहते हैं और अपनी सुरक्षा सुनिश्चित करने के प्रयास में पीछे हट जाते हैं।

इस स्थिति से बचने के लिए जरूरी है कि अपने डर का सीधे समाधान किया जाए और उन पर काबू पाया जाए। पहला कदम ज़ोर से बोलकर उन्हें पहचानना होना चाहिए; उन्हें ज़ोर से स्वीकार करने से, आप पर उनकी शक्ति धीरे-धीरे कम हो सकती है। अपने आप से ये प्रश्न पूछें:

* क्या संभावना है कि आप जिस चीज़ से डरते हैं वह घटित होगी?
और आप क्यों चिंतित हैं कि ऐसा हो सकता है?

उनका डटकर सामना करके, आप पता लगा सकते हैं कि कौन से डर वास्तविक हैं और कौन से काल्पनिक हैं। आपका डर यह भी संकेत देगा कि कहां कमियां हो सकती हैं जिन्हें आपके गंतव्य तक पहुंचने से पहले भरने की आवश्यकता है और जोखिम प्रबंधन रणनीतियों को लागू करने की आवश्यकता है। एक बार जब इन आशंकाओं से सीधे तौर पर निपट लिया जाता है, तो यह आकलन करना बहुत आसान हो जाता है कि आगे बढ़ने में कौन सी चीज तेजी से आगे बढ़ रही है और रोक रही है - ज्ञान जो आपको अपने वांछित लक्ष्यों को तेजी से प्राप्त करने की अनुमति देगा।

अध्याय 16: बातचीत की इच्छा विकसित करें

बातचीत लोगों के बीच संबंध बनाने, विचारों का आदान-प्रदान करने और आपसी समझ विकसित करने का एक प्रभावी और सहज तरीका है। ये बातचीत आनंददायक होनी चाहिए और व्यक्तियों के व्यक्तित्व और प्राथमिकताओं में अंतर्दृष्टि प्रदान करनी चाहिए; उनके माध्यम से हम सहानुभूति विकसित करते हैं, समझते हैं, और एक-दूसरे को सुनते हैं - जिससे हमारे जीवन भर यादगार अनुभव और स्थायी विकास होता है।

हालाँकि, "बातचीत" के इन लाभों को प्राप्त करने के लिए, आपको उस बिंदु तक पहुंचना होगा जहां लोग आपसे बातचीत करने की इच्छा रखते हैं - इसका मतलब है सहजता से ध्यान आकर्षित करना, कमरे पर नियंत्रण रखना और सामाजिक या व्यावसायिक स्थितियों में चमकना।

क्या ये योग्यताएँ अंतर्निहित हैं, या इन्हें विशिष्ट प्रशिक्षण और अभ्यास के माध्यम से विकसित किया जा सकता है?

यहां अंदर की जानकारी है--आप खुद को एक दिलचस्प, सुसंस्कृत और जानकार व्यक्ति के रूप में स्थापित करके इन क्षमताओं को विकसित कर सकते हैं।

हर इंसान दिलचस्प होने की चाहत रखता है; यह एक निर्विवाद सत्य है. यहां तक कि अगर कोई व्यक्ति सबसे आगे रहने में असहज है तो भी वह दिलचस्प दिखना चाहेगा और बोर कहे जाने से बचना चाहेगा! दिलचस्प होने से प्रभाव और अवसर मिलते हैं; यह समझकर कि किसी दिलचस्प व्यक्ति को क्या प्रभावित करता है, आप खुद भी ऐसा बन सकते हैं और अपने प्रभाव क्षेत्र में प्रभावशाली बन सकते हैं।

आप ऐसा कैसे कर सकते हैं?

समावेशी होकर शुरुआत करें। दूसरों को नज़रअंदाज़ करके "कूल" बनने की कोशिश न करें - यह केवल आपकी विश्वसनीयता को और कमज़ोर करने का काम करेगा। लोगों को अपमानित करने के बजाय उनका समर्थन करें: इससे बेहतर प्रभाव पड़ता है!

यदि आप किसी पार्टी या बार में किसी को बात करने के लिए किसी की तलाश करते हुए अपना पेय हाथ में लेते हुए देखते हैं, तो उन्हें नज़रअंदाज़ न करें; उन्हें देखा और शामिल महसूस कराने के लिए बातचीत शुरू करने का प्रयास करें। शायद उनके बारे में कुछ बताएं जो आपने अपनी पिछली बातचीत के दौरान सीखा था; इससे उन्हें पता चलेगा कि आपने उस व्यक्ति से बात करते समय भी उसकी बात सुनी। अपने आप को एक अच्छे श्रोता के रूप में स्थापित करें ताकि वे आपको दिलचस्प समझें।

जहां ध्यान का केंद्र बनना अच्छी बात है, वहीं विनम्र होना भी जरूरी है। अध्ययनों से पता चलता है कि लोग उन लोगों के साथ समय बिताने का आनंद लेते हैं जो विनम्रता प्रदर्शित करते हैं। चूँकि यह शब्द संदर्भ के आधार पर काफी भिन्न हो सकता है, आइए इसे अपनी परिभाषा के रूप में उपयोग करें: विनम्र होने के नाते दूसरों की राय और दृष्टिकोण का सम्मान करें - इससे पता चलेगा कि कोई उनके लिए मायने रखता है!

सावधान रहें कि विनम्रता को आत्म-सम्मान या मुखरता की कमी के साथ भ्रमित न करें; विनम्र होने के लिए आत्म-निंदा करने वाले व्यवहार की आवश्यकता नहीं होती है जो किसी और को विशेष महसूस कराता है। अपनी क्षमताओं और वे क्या कर सकते हैं या क्या नहीं कर सकते हैं, को स्वीकार करते हुए विनम्र बनें; यहां तक कि यह कहने जैसी सरल बात भी, "मुझे अभी तक उत्तर नहीं पता है, लेकिन मैं शोध करूंगा और आपके पास वापस आऊंगा," या यह

स्वीकार करना कि "मैं इस विषय से अपरिचित हूं; क्या आप मुझे और बता सकते हैं?" विनम्रता दिखा सकते हैं.

यह दिखाकर भयभीत होने से बचें कि आपके पास एक खुला, नौसिखिया दिमाग है! बातचीत को आगे बढ़ाने के लिए एक और प्रभावी रणनीति वास्तविक उदारता है, क्योंकि यह दूसरों से पारस्परिकता की मनोवैज्ञानिक प्रतिक्रिया को उत्तेजित करती है। हमारा तात्पर्य उपहार या भोजन खरीदने जैसे भौतिकवादी इशारों से नहीं है; बस खुली बातचीत करें, खुले दिल से तारीफ करें या किसी से बिना औपचारिकता के पूछे पूछें कि वे कैसा महसूस कर रहे हैं!

अपने समय और ध्यान के प्रति उदार होने से, आप पाएंगे कि दूसरे लोग आप में अधिक रुचि लेने लगे हैं। वे यह जानकर प्रसन्न होंगे कि आप उनकी उपस्थिति से केवल भौतिक लाभ प्राप्त करने के लिए वहां नहीं हैं।

"हाँ" कहकर उदार बनें। यदि आपके पास दूसरों के लिए चिंता के क्षेत्र के संबंध में विशिष्ट विशेषज्ञता या अंतर्दृष्टि है, तो बदले में क्या मिलेगा, इस पर विचार किए बिना उनका स्वतंत्र रूप से उपयोग करें।

दिलचस्प और मददगार होने से आप दूसरों के बीच प्रशंसा अर्जित कर सकेंगे और जीवन भर रिश्ते स्थापित कर सकेंगे। यहां बताई गई बातचीत की प्रथाओं का पालन करने से बातचीत की रुचि का विषय बनना आसान हो जाएगा।

क्या आपने लंबे समय तक रुकने और अजीब दिखने का अनुभव किया है, जिससे बातचीत असहज हो गई है?

किसी न किसी बिंदु पर हर किसी को बातचीत के दौरान लंबे समय तक रुकने और अजीब दिखने का अनुभव होगा जो हमें असहज कर देता है, जब हमें बातचीत जारी रखने के महत्व का एहसास होता है; इसे लोगों को अपनी चर्चाओं में व्यस्त रखने के रूप में भी जाना जाता है।

यहां बताया गया है कि आप ऐसा कैसे कर सकते हैं - एक सामान्य रुचि ढूंढें। रुचियों और प्राथमिकताओं के संबंध में लोगों में बहुत भिन्नता होती है; कुछ समान खोजने से आपके बीच पुल बनाने में मदद मिलती है। एक बार जब आप दो लोगों के बीच कुछ समान पाते हैं, तो इसके बारे में जो कुछ भी आपको दिलचस्प लगता है उसे लिख लें (बातचीत शुरू करने वालों के रूप में)। उस सूची को कई बार देखें ताकि जब उस क्षेत्र में बातचीत के मुद्दे उठें तो वह आपकी स्मृति में आसानी से अंकित हो जाए - फिर आवश्यकता पड़ने पर उसे वापस देखें! इसके अतिरिक्त, आप दोनों के लिए प्रासंगिक विषयों के बारे में बातचीत शुरू करने वालों को लिखें ताकि चर्चा का कभी अंत न हो!

दिलचस्प विषयों में फ़ुटबॉल, बाज़ार में पेश किया गया नवीनतम गैजेट, कोई फ़िल्म देखना या कोई किताब पढ़ना जो आपको आनंददायक लगे या डोनाल्ड ट्रम्प की टिप्पणियाँ सुनना जिसने आपको ज़ोर से हँसाया।

जब आपके पास शब्दों की कमी हो तो ओपन-एंडेड प्रश्न पूछने में संकोच न करें - एक ओपन-एंडेड पूछताछ के लिए "हां/नहीं" प्रतिक्रिया से अधिक की आवश्यकता होती है और इसमें शामिल पक्षों के बीच बातचीत शुरू होना निश्चित है।

उदाहरण विषयों में शामिल हो सकते हैं: एक संगीत कार्यक्रम: मेरे विचार

आपने अकेले या समूह में बाहर जाने वाले किस फिल्म दृश्य का सबसे अधिक आनंद लिया?

ये प्रश्न लोगों को अपने बारे में और अधिक खुलने के लिए प्रोत्साहित करते हैं। बातचीत के बीच अजीब चुप्पी को खत्म करके, इस प्रकार के प्रश्न आपके और दूसरे व्यक्ति के बीच संवाद को अधिक सहजता से प्रवाहित रखते हैं।

इस प्रकार के प्रश्न पूछकर, आप किसी को दिखा रहे हैं कि आप उनकी राय और भावनाओं की परवाह करते हैं - यह आपके और उनके बीच संवाद जारी रखकर रिश्ते बनाता है। इसे बनाए रखने के लिए आपके द्वारा किए गए इस प्रयास की वे सराहना करेंगे!

भावनात्मक बंधन स्थापित करें

बातचीत को केवल शब्दों के रूप में नहीं देखा जाना चाहिए: वे लोगों के बीच भावनात्मक संबंध बनाने का काम करते हैं। हालाँकि आप सार्थक जानकारी साझा किए बिना संपूर्ण संवाद कर सकते हैं, ऐसा करने से सार्थक बंधन स्थापित करने में मदद मिलती है और दूसरे के व्यक्तित्व की आंतरिक झलक मिलती है।

ब्लर्ट! जब कुछ और काम न आए, तो बोलने में संकोच न करें! बातचीत अक्सर चुनौतीपूर्ण हो सकती है क्योंकि हमें डर होता है कि हमारे शब्द दूसरों के लिए उबाऊ हो सकते हैं; इसलिए, हमारे विचार और शब्द तब तक छिपे रहते हैं जब तक कि न्याय किए जाने का हमारा डर शब्दों या कार्यों में प्रकट नहीं हो जाता। लेकिन कई बार यह डर कल्पना से अधिक कुछ नहीं से उत्पन्न होता है!

अगली बार जब आप खुद को ऐसी किसी मुठभेड़ में पाएं, तो खुलकर अपने मन की बात कहें (जब तक कि उसमें नस्लवादी या यौन रूप से आक्रामक सामग्री न हो)। आपको यह जानकर आश्चर्य हो सकता है कि लोग उतने संकीर्ण सोच वाले नहीं हैं जितनी आपने कल्पना की थी!

बातचीत जारी रखने के आपके प्रयास तभी सफल होंगे जब दोनों प्रतिभागी इसमें निवेशित हों और इसमें पूरी तरह शामिल होने के इच्छुक हों। यदि वे अरुचि के लक्षण दिखाते हैं या बिल्कुल भी योगदान देने से इनकार करते हैं, तो इसे एक संकेतक के रूप में लें कि इसे तुरंत समाप्त कर देना चाहिए।

आपकी रुचियों या लक्ष्यों से कोई फर्क नहीं पड़ता यह निर्विवाद है कि व्यक्तिगत संबंध व्यक्तिगत और व्यावसायिक सफलता की कुंजी हैं, चाहे किसी की रुचियां, व्यक्तिगत लक्ष्य या पेशा कुछ भी हो। फिर भी आपने देखा होगा कि कुछ व्यक्ति अपने मिलने वालों के साथ आसानी से जुड़ने में सक्षम लगते हैं, जबकि अन्य लोग उनके साथ सार्थक संबंध विकसित करने की बात तो दूर, स्वस्थ बातचीत करने के लिए भी संघर्ष करते हैं।

यहां बताया गया है कि आप पड़ोस को सुरक्षित बनाने के लिए एक याचिका पर हस्ताक्षर करके बार में सुंदर लड़कियों, वार्षिक कार्यक्रम में विभाग प्रमुख या अपने अगले दरवाजे वाले पड़ोसी से कैसे संपर्क कर सकते हैं और उनका ध्यान आकर्षित कर सकते हैं।

तो आप यह कौशल कैसे विकसित कर सकते हैं?

सबसे पहले और सबसे महत्वपूर्ण बात, याद रखें कि लोग वास्तविक लोगों को बेहतर प्रतिक्रिया देते हैं। संबंध बनाना और बनाए रखना सच्चे इरादों से शुरू होता है; सतही बातचीत का कोई भी प्रयास केवल इतने समय तक ही चलेगा। केवल प्रमोशन या मुफ्त टिकट के लिए

लोगों से बात करने से कुछ नहीं होगा - यदि आप वास्तव में लोगों की परवाह करते हैं तो वे समय के साथ सच्चे दोस्त बन सकते हैं।

दो, जिस व्यक्ति से आप जुड़ने का प्रयास कर रहे हैं उसे समय और ध्यान देने की अपनी इच्छा प्रदर्शित करें। कभी-कभी सीमित संसाधनों के कारण, हम लोगों को उपहार या स्नेह का भौतिक प्रदर्शन देने में सक्षम नहीं हो सकते हैं; किसी को उनकी प्राथमिकताओं और पसंद के बारे में जानने के लिए वास्तविक समय देना यह दिखाने में उतना ही प्रभावशाली है कि वे मायने रखते हैं।

यदि आपको स्वतंत्र शोध के माध्यम से उनके बारे में अधिक जानने में कठिनाई हो रही है, तो उन लोगों से जुड़ने से काफी मदद मिल सकती है जिन्हें वे जानते हैं। लोग हमारी आदतों और शौक की नकल करते हैं, इसलिए जिन लोगों को वे पसंद करते हैं उन्हें अधिक निकटता से जानने से आप उनके बारे में कुछ अंतर्दृष्टि भी प्राप्त कर सकते हैं।

पेशेवर सेटिंग में संबंध बनाना भी अमूल्य हो सकता है; कई नौकरी रिक्तियां रेफरल और नेटवर्किंग के माध्यम से भरी जाती हैं; इस प्रकार संबंध बनाकर, आप अपने आप को अनंत अवसरों के लिए खोलते हैं।

जब कोई आपको किसी नौकरी के लिए सिफ़ारिश करता है, तो उनकी सिफ़ारिश आपकी विश्वसनीयता की पुष्टि कर सकती है, जिससे उस नौकरी को सुरक्षित करना आसान हो जाता है। सहकर्मियों के साथ संबंध बनाने को केवल इसलिए कम न समझें क्योंकि आप एक साथ सीमित समय बिताते हैं; आपके सामाजिक दायरे में अधिक लोगों का अर्थ है जीवन में अधिक अवसर!

एक बार जब आप संबंध स्थापित कर लेते हैं, तो अगला कदम इसे बढ़ावा देना और इसे मजबूत बनाए रखना होना चाहिए। दुर्भाग्य से, एक बार जब कोई व्यक्ति नज़रों से ओझल हो जाता है तो वह अक्सर लोगों की यादों से ओझल हो जाता है; यह सुनिश्चित करने के लिए कि आप अविस्मरणीय बने रहें, सबसे आसान तरीका छोटे संकेत हैं जैसे क्रिसमस कार्ड भेजना, टेक्स्ट मैसेजिंग के माध्यम से जन्मदिन संदेश या व्यक्तिगत नोट के साथ उनकी पसंदीदा पुस्तक भेजना - आप आश्चर्यचकित हो सकते हैं कि लोग इन अनुस्मारक से कितने प्रसन्न होंगे जो दिखाते हैं कि वे मायने रखते हैं! हम सभी याद किये जाने की लालसा रखते हैं; किसी को यह दिखा कर दिखाएं कि वे मायने रखते हैं कि आपका रिश्ता उन्हें महत्व देता है! आप बस आजीवन संबंध बना सकते हैं!

लोगों का दिल जीतने के लिए बस यह दिखाना ज़रूरी है कि आप उन्हें समझते हैं और उन्हें महत्व देते हैं; तब तुम उनकी वफ़ादारी हासिल करोगे।

अध्याय 17: सफलता के लिए भावनात्मक बुद्धिमत्ता

डिजिटल युग ने हमारे लिए कार्यों को स्वचालित करना और अपने कार्यभार को प्रबंधित करने के लिए मशीनों का उपयोग करना पहले से कहीं अधिक आसान बना दिया है, फिर भी हम जितना अधिक तकनीक पर भरोसा करते हैं, किसी कार्य को पूरा करने से जुड़ी भावनाओं का अनुभव करने या अपने काम को पूरा करने के लिए कठिनाइयों पर काबू पाने से उतना ही दूर होते हैं। महसूस किया गया।

भावनात्मक बुद्धिमत्ता यहाँ काम आती है; यह आपकी अपनी भावनाओं के साथ-साथ आपके आस-पास के लोगों को पहचानने की आपकी क्षमता को संदर्भित करता है, जिसमें यह भी शामिल है कि ये दूसरों को कैसे प्रभावित करते हैं और उनके विचारों और व्यवहार को कैसे प्रभावित करते हैं। मानवीय भावनाओं को अधिक गहराई से समझने से, भावनात्मक रूप से बुद्धिमान लोगों को अन्य लोगों के साथ जुड़ना आसान हो जाता है जबकि वे जिन लोगों से मिलते हैं उनके प्रति अधिक दयालु और समझदार होते हैं; यह गुण उनकी व्यावसायिक और व्यक्तिगत सफलता में बहुत योगदान देता है।

लोग अक्सर भावनात्मक बुद्धिमत्ता और बुद्धिमत्ता भागफल (आईक्यू) के बीच भ्रमित हो जाते हैं, क्योंकि ये दोनों बुद्धि के विभिन्न रूपों का प्रतिनिधित्व करते हैं। मुख्य अंतर यह है कि प्रत्येक को कैसे मापा और दर्शाया जाता है।

IQ मानकीकृत परीक्षणों के माध्यम से मानसिक बुद्धि को मापता है और यह सीधे मानसिक क्षमताओं से जुड़ा होता है; उदाहरण के लिए, जानकारी को समझने और उसे समस्याओं को सुलझाने में लागू करने में सक्षम होना। उच्च बुद्धि वाले लोग तेजी से मानसिक संबंध बनाने और अमूर्त विचारों को शीघ्रता से पूरा करने में माहिर होते हैं। भावनात्मक बुद्धिमत्ता से तात्पर्य है कि कोई व्यक्ति स्थितियों को समझने के लिए भावनाओं का उपयोग कैसे करता है; इस पैमाने के उच्च स्तर पर रहने वाले लोग भावनात्मक रूप से स्थिर व्यक्ति होते हैं जो कठिन दौर से गुजर रहे लोगों के साथ प्रभावी ढंग से निपटने के दौरान अपनी भावनाओं को अच्छी तरह से प्रबंधित करने में सक्षम होते हैं।

बुद्धिमत्ता के इन दो रूपों के बीच एक और अंतर यह है कि IQ वह चीज़ है जो आपको जन्म के समय विरासत में मिलती है जबकि भावनात्मक बुद्धिमत्ता आपके पालन-पोषण और आसपास के अनुभवों से विकसित होती है। आप मजबूत लोगों के कौशल विकसित करके एक वयस्क के रूप में भावनात्मक रूप से बुद्धिमान बनने के लिए काम कर सकते हैं।

यहां बताया गया है कि आप इसे कैसे पूरा कर सकते हैं:

* अपनी प्रतिक्रियाओं के प्रति सचेत रहें. किसी स्थिति के सभी पहलुओं को पूरी तरह से समझने से पहले निर्णय पर न पहुंचें, इसके बजाय चीजों को दूसरों के दृष्टिकोण से देखने का प्रयास करें और रूढ़ियों या पूर्वाग्रहों के आगे झुके बिना खुले दिमाग रखें। दूसरों के दृष्टिकोण को स्वीकार करके और उनकी राय को स्वीकार करके, आप उनका विश्वास बनाते हैं।

* अपना आकलन करें. क्या आप अपनी कमजोरियों से अवगत हैं? क्या आप स्वीकार कर सकते हैं कि एक बेहतर इंसान बनने के लिए अपने कुछ क्षेत्रों पर काम करना आवश्यक है? अपने आप पर एक ईमानदार और विचारशील नज़र डालें और उन हिस्सों को बदलने के लिए पर्याप्त बहादुर बनें जो विकास में बाधा डालते हैं - यह आपके जीवन को बदल सकता है! * अपने आप पर एक ईमानदार और विचारशील नज़र डालें! ईमानदार होना जीवन बदलने वाला हो सकता है!

* मूल्यांकन करें कि आप तनावपूर्ण स्थितियों में कैसे प्रतिक्रिया देते हैं। जब चीजें उम्मीद के मुताबिक नहीं होतीं, उदाहरण के लिए जब चीजें काम नहीं करतीं तो आप निराशा से कैसे निपटते हैं? क्या आप इसके बजाय दूसरों पर दोषारोपण करते हैं या उन्हें दोष देते हैं? निराशाओं को शांति से प्रबंधित करने में सक्षम होना पेशेवर और व्यक्तिगत दोनों सेटिंग्स में बेहद मूल्यवान है - यह भावनात्मक विस्फोटों को जल्दबाजी में निर्णय या कार्यों की ओर ले जाने से रोकता है जिसके लिए आपको बाद में पछताना पड़ सकता है।

* अपनी उपलब्धियों की पुष्टि की मांग न करें। विनम्रता एक अमूल्य भावनात्मक टूलबॉक्स संपत्ति हो सकती है; इसका अभ्यास करने से दूसरों को पता चलता है कि आप अपनी शक्तियों और उपलब्धियों को पहचानते हैं, बिना दूसरों के सामने उनका बखान किए। इसके बजाय, खुद को प्रेरित करने के तरीके के रूप में दूसरों की उपलब्धियों पर ध्यान केंद्रित करें! आप बस यह देख सकते हैं कि उनकी उपलब्धियाँ आप पर प्रभाव डालती हैं।

* अपने कार्यों की जवाबदेही लें। यदि आप किसी दूसरे को ठेस पहुंचाते हैं, तो माफी मांगें या जरूरत पड़ने पर तुरंत स्थिति को सुलझाने का प्रयास करें। उनकी भावनाओं को नज़रअंदाज न करें या उन्हें यह विश्वास न दिलाएं कि उन्हें किसी भी तरह से ठेस नहीं पहुंचनी चाहिए थी; चीजों को ईमानदारी से सुधारने और सुधार करने का प्रयास करके आप उस व्यक्ति को यह प्रदर्शित करते हैं कि आप उन्हें महत्व देते हैं और आप दोनों के बीच संबंधों को बनाए रखने के लिए हर संभव प्रयास किया जाएगा।

* अपने कार्यों के प्रभावों के प्रति सचेत रहें। कोई भी कार्रवाई करने से पहले, हमेशा इस बात पर विचार करें कि स्थिति में शामिल लोगों पर इसका क्या प्रभाव पड़ेगा और आप जो करने का प्रस्ताव कर रहे हैं उस पर उनकी प्रतिक्रिया क्या होगी। क्या इससे उन्हें नुकसान होगा या उनके लिए मामला और बिगड़ जाएगा? यदि यह मामला है, तो इसके साथ आगे बढ़ने से पूरी तरह बचें; लेकिन अगर किसी कारण से इसे टाला नहीं जा सकता है, तो पहले उनके साथ इस निर्णय पर चर्चा करना सुनिश्चित करें और इसके प्रतिकूल परिणामों को कम करने के तरीके खोजने का प्रयास करें।

लोगों को पढ़ने और समझने के लिए भावनात्मक बुद्धिमत्ता महत्वपूर्ण है। यह आपको व्यक्तियों के साथ मजबूत बंधन बनाने की अनुमति देता है, जो अंततः आपके जीवन के सभी पहलुओं में सफलता की ओर ले जाता है।

अध्याय 18: अपने साथी के लिए आदर्श वातावरण स्थापित करना

जब आपका साथी दिन भर की कड़ी मेहनत के बाद घर आता है, तो क्या वह मन में सोचता है: "आखिरकार! मैं अब आराम कर सकता हूँ!" या इसके बजाय वे सोचते हैं: "यहाँ यह फिर से आता है!" यदि आप एक सफल विवाह या रिश्ता चाहते हैं, तो आप आदर्श रूप से चाहेंगे कि वे पूर्व वाक्यांश पर विचार करें - भले ही एक बेदाग घर में आना अच्छा हो सकता है, लेकिन जो अधिक मायने रखता है वह यह है कि उन्हें ऐसे वातावरण में सहज महसूस हो जिसमें वे रहना पसंद करते हैं और स्वच्छता कारक के समान ही आपके द्वारा स्वागत और स्वागत महसूस करें।

जब आपका दिन ख़राब गुजरा हो तो आपको क्या करना चाहिए? किसी मीटिंग में अजनबियों के साथ मुस्कराएँ और उनके साथ अच्छा व्यवहार करने की कोशिश करें, या अपने सारे भावनात्मक अवशेष उन पर डाल दें? अजीब बात है कि हमारे सबसे करीबी लोग अक्सर हमारा सबसे बुरा पक्ष ही देखते हैं। कोई यह तर्क दे सकता है कि अपने घरों और रिश्तों में एक-दूसरे के साथ "वास्तविक" हुए बिना, हम और किसके सामने खुलेंगे? लेकिन क्या आप उनसे लगातार होने वाले गुस्से और उपद्रव को भी संभाल सकते हैं?

इसलिए, यह आवश्यक है कि आप ऐसा वातावरण न बनाएं जिसमें आप स्वयं रह न सकें। निश्चित रूप से, हर किसी के पास ऐसे क्षण होते हैं जब चिंता, क्रोध या तनाव नियंत्रण में आ जाता है। हालाँकि, इन घटनाओं को सीमित करने का प्रयास करें ताकि आपके साथी के घर में नकारात्मकता न आए। यदि इन भावनाओं को अकेले प्रबंधित करना आपके लिए कठिन लगता है, तो समर्थन के लिए दोस्तों या चिकित्सक से बात करें; जब आपका मानसिक स्वास्थ्य स्थिर होगा तभी आप आप दोनों के लिए एक इष्टतम माहौल बना सकते हैं।

अपने साथी को आकर्षित करने के लिए उनके साथ बात करते समय प्रौद्योगिकी को समीकरण से दूर रखना आवश्यक है; अपने ट्विटर फ़ीड को एक साथ स्क्रॉल किए बिना अपना पूरा ध्यान दें; सुनें कि उनका दिन कैसा गुजरा और उस दौरान आपने क्या किया, इसकी रिपोर्ट करें; यदि आपका घर काफी बड़ा है, तो लैपटॉप या कंप्यूटर को नज़रों से दूर रखें ताकि बार-बार चेक-इन करने का प्रलोभन कम हो; अव्यवस्था को दूर करने से प्रत्येक सप्ताह केवल एक डेट नाइट के बजाय बार-बार पुनः जुड़ने की अनुमति मिलेगी।

इसके अतिरिक्त, बाहरी प्रभाव एक आदर्श वातावरण बनाने में मदद कर सकते हैं। उदाहरण के लिए, सुनिश्चित करें कि जब आपका साथी आए तो आप और आपका घर दोनों अच्छी खुशबू से महकें - इससे उन्हें मानसिक रूप से तरोताजा कर दिया जाएगा और साथ ही उन्हें करीब होने का एहसास भी होगा। रोमांटिक, आरामदायक माहौल बनाने के लिए सुगंधित मोमबत्तियां जलाएं और हल्का संगीत बजाएं; आपका साथी निश्चित रूप से आपके साथ लंबे समय तक रहना चाहेगा!

आपका घर आराम और शांति का एक मरूद्यान होना चाहिए - यदि आप अपने साथी के साथ मिलकर इसे बनाने में मदद कर सकते हैं, तो यह एक सफल साझेदारी की दिशा में एक लंबा रास्ता तय करेगा।

उनके आरामदायक क्षेत्रों को स्वीकार करना और उन्हें समायोजित करना

क्या आपके रिश्ते में स्वेटपैंट, बिस्तर में पादना और आपके साथी का चिल्लाना शामिल है "बेब, वह दाना आपके पूरे चेहरे पर कब्ज़ा कर सकता है!"? यदि यह आपके और आपके साथी के

बीच गतिशीलता का वर्णन करता है, तो आपने सफलतापूर्वक एक सुखद संबंध स्थापित किया है जो लंबे समय तक बना रहता है।

आपके रिश्ते में किसी बिंदु पर, आपको ऐसी स्थितियों का सामना करना पड़ सकता है जिसमें आप जिस गतिविधि या सामाजिक स्थिति में शामिल होना चाहते थे वह आपके साथी के आराम क्षेत्र से परे थी। रिश्ते में शांति बनाए रखने और असहमति से बचने के लिए, यह आवश्यक है कि दोनों साथी समझें कि उनके आराम का स्तर कहाँ समाप्त होता है और आप उन्हें उनसे बाहर निकलने के लिए कितना धक्का दे सकते हैं।

यदि आप बहिर्मुखी हैं और आपका साथी अंतर्मुखी है, तो हो सकता है कि उन्हें आपकी तरह कई पार्टियों और बाहरी गतिविधियों में भाग लेने में आनंद न आए। इसलिए, एक स्वीकार्य समझौता ढूंढना जहां कोई भी साथी बहुत अधिक घर के अंदर रहने से विवश महसूस न करे; और जहां निरंतर सामाजिक मेलजोल के कारण कोई भी अतिरंजित महसूस नहीं करता है, वह एक साथ खुशी पाने के लिए महत्वपूर्ण है।

उनकी प्राथमिकताओं को समायोजित करने के लिए, उनके मूड को समझने से शुरुआत करें - जैसे कि जब उनका बाहर जाने का मन हो बनाम जब वे नेटफ्लिक्स और किताबों के साथ घर पर अधिक समय बिताना चाहते हों। इसके अलावा लगातार कई दिनों तक बाहर न जाने का प्रयास करें और दोबारा बाहर जाने से पहले अपने ऊर्जा भंडार को खुद को रिचार्ज करने दें। आपके रवैये में ये छोटे-छोटे समायोजन उन्हें दिखाएंगे कि आप उनकी प्राथमिकताओं की परवाह करते हैं, साथ ही उन्हें अपने आराम क्षेत्र से परे जाकर आपको भी समायोजित करने के लिए प्रोत्साहित करेंगे!

अध्ययनों से पता चला है कि जब जोड़े अपने साहचर्य संबंधों में सहजता महसूस करते हैं, तो उनके लंबे समय तक चलने की संभावना काफी बढ़ जाती है। इसके विपरीत, आरामदायक स्तर तक पहुंचने का मतलब है कम उत्साह या तलाशने के लिए नए अनुभव और समय के साथ पुराने हो जाने का जोखिम। तो, आप रोमांस को जीवित रखते हुए अपने दोनों भागीदारों के आराम के स्तर को कैसे संतुलित कर सकते हैं?

मौके-मौके पर एक-दूसरे को आश्चर्यचकित करने का प्रयास करें - पहले अपने साथी से सलाह किए बिना नई कार खरीदने जैसी बड़ी बात के साथ नहीं - इसके बजाय, छोटे, सार्थक इशारों पर ध्यान केंद्रित करें जैसे कि काम से लौटते समय उन्हें उनका पसंदीदा भोजन प्रदान करना, बिस्तर पर अपने सबसे सेक्सी अधोवस्त्र पहनना, या अपने प्यार को यह दिखाने के लिए कि आप कितने विचारशील हैं, आश्चर्यजनक तारीखों की योजना बना रहे हैं। ये छोटे-छोटे आश्चर्य उनके आराम क्षेत्र से बहुत बाहर जाए बिना आश्चर्य का तत्व जोड़ देंगे।

जो जोड़े बहुत सहज हो जाते हैं, वे आसानी से नो-टॉकिंग जोन में आ जाते हैं और उम्मीद करते हैं कि उनका साथी उन्हें खुद कुछ भी कहे बिना पढ़ सकता है। लेकिन वास्तविकता अक्सर अन्यथा साबित हो सकती है!

पैटर्न और पूर्वानुमेय व्यवहारों के आधार पर दूसरों को स्वयं को समझना आसानी से मिल सकता है, लेकिन कभी-कभी वे आपकी अपेक्षाओं को पूरा नहीं कर पाते हैं। जब ऐसा होता है, तो संचार और अपनी भावनाओं को व्यक्त करना सर्वोपरि हो जाता है; भावनाएँ उठने पर उन्हें दबाएं नहीं; इसके बजाय उन्हें खुलकर व्यक्त करें! यदि किसी बात ने आपको गहरा या भावनात्मक रूप से आहत किया है, यदि उन्हें किसी के साथ बैठने या उनका हाथ थामने की जरूरत है तो बस उन्हें बताएं! दिल से दिल की बातचीत हमेशा अपने सबसे करीबी लोगों से जुड़ने का सबसे प्रभावी तरीका है।

यदि अपनी भावनाओं को व्यक्त करना कुछ ऐसा नहीं है जिसे करने में आपका साथी सहज महसूस करता है, तो उनके गैर-मौखिक संकेतों को सीखकर उन्हें समायोजित करें और खुद को व्यक्त करने के लिए उन पर बहुत अधिक दबाव न डालें। समय के साथ, आप देखेंगे कि वे आपकी सराहना करते हुए उन्हें उनके आराम क्षेत्र में रहने देते हैं।

आपके साथी का आराम क्षेत्र वह स्थान है जहां वे आपको वास्तव में उन्हें देखने की अनुमति देते हैं कि वे वास्तव में कौन हैं - उनकी ताकत और खामियां दोनों। इस क्षेत्र में उनके साथ रहना सीखकर, आप उनके व्यक्तित्व को अधिक आसानी से खोज पाएंगे और इसकी आसानी से व्याख्या करना सीखेंगे।

असुरक्षित होना

हमने इस पुस्तक में भेद्यता के बारे में विस्तार से बात की है और यह दोहराने योग्य है कि भावनात्मक प्रदर्शन आपको खुद को अनुभवों और प्यार के लिए खोलने की ताकत प्रदान करता है। कई लोग अपनी भेद्यता दिखाने से डरते हैं क्योंकि उन्हें लगता है कि इससे वे कमज़ोर दिखेंगे - यह सच नहीं है! उसकी वजह यहाँ है।

अपने सबसे करीबी लोगों के साथ अपने सच्चे स्व को साझा करके, आप अपने आप को वैसे ही देखने का साहस दिखाते हैं जैसे आप वास्तव में हैं और जो आप वास्तव में हैं वैसे ही देखे जाने का साहस दिखाते हैं - उन रिश्तों में अपनेपन, प्यार और प्रामाणिकता की भावना पैदा करते हैं जो सबसे ज्यादा मायने रखते हैं।

असुरक्षित होने के साहस के साथ आगे बढ़ने से कई भावनात्मक फायदे होते हैं। अपने आप को उन परिस्थितियों में रखकर जो आपको असुरक्षित बनाती हैं, जैसे कि अपने आप को उन परिस्थितियों में रखना जो आपकी क्षमता का परीक्षण करती हैं और परीक्षण करती हैं कि आप चुनौतीपूर्ण परिदृश्यों का प्रबंधन करने में कितने सक्षम हैं - रास्ते में आने वाली बाधाओं के खिलाफ लचीलेपन को मजबूत करते हुए आत्मविश्वास का निर्माण करें।

दोस्तों, साझेदारों और माता-पिता के साथ भेद्यता दिखाने से सहानुभूति को बढ़ावा मिल सकता है। ऐसा करने से उन्हें आपकी कमजोरियों को देखने का मौका मिलता है जिन्हें आप दूसरों से छिपाकर रखते हैं - इस पक्ष को उनके सामने खोलकर उन्हें बताएं कि वे बाकी सभी की तुलना में अधिक मायने रखते हैं।

दूसरों के साथ संबंधों को बेहतर बनाने के अलावा, सहानुभूति आपके स्वयं के साथ संबंध को भी मजबूत करती है। अपने आप के अवांछनीय या कमजोर पहलुओं को स्वीकार करने और उन्हें आप जो हैं उसके हिस्से के रूप में स्वीकार करने से, सहानुभूति आत्म-स्वीकृति को बढ़ाती है और इस प्रकार समग्र कल्याण में योगदान देती है।

आपको असुरक्षित बनने में मदद करने के लिए निम्नलिखित कुछ सुझाव दिए गए हैं: * ऐसे मौके लेने के लिए तैयार रहें जिनके परिणामस्वरूप अस्वीकृति हो सकती है। रिश्तों से आप क्या चाहते हैं, इसके बारे में ईमानदारी से संवाद करें - विशेष रूप से आपकी अपेक्षाएँ और सीमाएँ - साथ ही उन व्यक्तिगत विषयों के बारे में जिनके बारे में आप आम तौर पर किसी और के साथ चर्चा नहीं करते हैं, जैसे व्यक्तिगत मामले जो बातचीत में सामने आते हैं और रिश्तों में की गई पिछली गलतियों पर चर्चा करते हैं।

* उन घटनाओं पर चर्चा करें जो डर, शर्म या दुःख की भावनाएँ पैदा करती हैं।

अब तक हमने केवल कुछ ही तरीकों का पता लगाया है जिनमें असुरक्षा को स्वीकार करने से व्यक्ति को आगे बढ़ने में मदद मिलती है; यह लचीलेपन का निर्माण करते हुए परिवर्तन के द्वार खोलता है।

परिवर्तन कई लोगों के लिए कठिन हो सकता है क्योंकि इसमें अपना आराम क्षेत्र छोड़ना और अज्ञात क्षेत्र में प्रवेश करना शामिल है। इसलिए, इस प्रक्रिया के लिए व्यापक कार्य की आवश्यकता है - पहला कदम असुरक्षित होना सीखना है। कल्पना कीजिए कि आप अत्यधिक खाने जैसी अनिश्चित बुरी आदत को तोड़ने की कोशिश कर रहे हैं, जिसने आपके स्वास्थ्य, रूप और बजट पर नकारात्मक प्रभाव डाला है। हालाँकि, इसे सफलतापूर्वक करने के लिए, आपको पहले इसके मूल कारण की पहचान करनी होगी; सबसे पहले आपको भोजन की ओर क्या प्रेरित कर रहा है? क्या आप भावनाओं, तनाव या चिंता से बचने के लिए या बोरियत से बचने के लिए भोजन कर रहे हैं? भोजन के प्रति अपनी लत पर काबू पाने के लिए, अपने अंदर एक ईमानदार नज़र डालनी होगी - यह स्वीकार करना कि आपकी बुरी आदतें रातों-रात नहीं बदलेंगी, ठीक उसी तरह जैसे उनकी भावनाएँ नहीं बदल सकतीं।

परिवर्तन के लिए ईमानदार, बिना सोचे-समझे आत्म-विश्लेषण की आवश्यकता होती है - और भेद्यता इस सब का प्रवेश द्वार है!

भेद्यता आपके दिमाग को नए दृष्टिकोणों के लिए खोल सकती है। विविध दृष्टिकोणों और विचारों का स्वागत करने की कुंजी यह स्वीकार करने में निहित है कि आपके अनुभव जीवन में सब कुछ लेने वाले नहीं थे; अन्य दृष्टिकोणों के लिए विश्वासों और मूल्यों को अस्थायी रूप से छोड़ना चुनौतीपूर्ण हो सकता है; फिर भी भेद्यता आपको यह देखने में मदद करती है कि आपके अलावा और भी बहुत कुछ है, क्योंकि आप यह पहचान लेते हैं कि ऐसे लोग हैं जो आपकी इच्छाओं और जरूरतों से बाहर रह रहे हैं और साथ ही वहां रहने वाले लोगों के साथ सार्थक संबंध बनाने के लिए सभी दृष्टिकोणों को समान रूप से स्वीकार करते हैं।

एक सदियों पुरानी कहावत है: जो कुछ भी आप दुनिया में डालते हैं वह किसी न किसी रूप में आपके पास वापस आता है। जब रिश्तों या संपर्कों की बात आती है तो यह समान रूप से लागू होता है - आप जो भी लाएंगे वह आप पर प्रतिबिंबित होगा; उदाहरण के लिए, प्रेम, सहानुभूति, सहनशीलता और धैर्य मजबूत और सार्थक संबंधों के रूप में लाभ देंगे, जबकि इसके विपरीत।

भाग चार: लोगों के दिमाग तक पहुंच हासिल करना सीखें

अब जब आप समझ गए हैं कि लोग कैसे काम करते हैं, तो उस सारे ज्ञान का उपयोग करने का समय आ गया है! इस अनुभाग में, हम आपकी सारी सीख का सदुपयोग करेंगे - यहां तक कि सबसे सावधानी से रखे गए रहस्यों को समझना भी मुश्किल हो सकता है; यहां, हम यह पता लगाएंगे कि लोगों को क्या चीज दूर ले जाती है, झूठ को तुरंत पहचानना, और उन बाधाओं को तोड़ना जो लोग अक्सर अपने खिलाफ खड़ी करते हैं।

लोगों के पढ़ने का मतलब उन छोटे विवरणों और टिप्पणियों पर ध्यान देना है जो अक्सर किसी का ध्यान नहीं जाता। एक अनुभवी लोक पाठक के रूप में, आप नाक का फड़कना या नाखून का हिलना जैसे छोटे अंतरों को भी अनदेखा नहीं होने दे सकते; इसलिए इस अनुभाग का उद्देश्य आपको यह सिखाना है कि इन सूक्ष्म विवरणों की पहचान कैसे करें जो सटीक आकलन करने में मदद करते हैं।

अध्याय 19: आधारभूत व्यवहार पर विचार-विमर्श करना और मतभेदों को पहचानना

क्या आपने कभी देखा है कि जब कोई झूठ बोलता है तो वह कैसा दिखता है? दुर्भाग्य से, इसका कोई एक उत्तर नहीं है क्योंकि प्रत्येक व्यक्ति झूठ बोलने के अलग-अलग संकेतक प्रदर्शित करता है। शारीरिक हाव-भाव, चेहरे के भाव, शब्दों का चयन और आदतें बता सकती हैं कि कोई झूठ बोल रहा है। इस तरह के मौखिक और गैर-मौखिक संकेत झूठ बनाम सच्चाई की पहचान करने में मदद कर सकते हैं - हालाँकि आप बेसलाइन शब्द को नहीं पहचान सकते हैं!

लोगों को आधारभूत बनाने से आपको व्यक्तियों का उनकी सत्यता के आधार पर मूल्यांकन करने की शक्ति मिलती है। एक वस्तुनिष्ठ माप प्रदान करके जिसके आधार पर तुलना की जा सके और निर्णय लिया जा सके कि क्या उनका व्यवहार चरित्र से बाहर है, या बस उनके सामान्य रूप से कार्य करने का संकेत है।

तो आप आधारभूत व्यवहारों की पहचान कैसे कर सकते हैं? यहां तीन आसान चरण दिए गए हैं जो आपको ऐसा करने में मदद करेंगे!

चरण 1: हाथ मिलाने से शुरुआत करें।

जैसा कि वे कहते हैं, पहली छाप ही अंतिम होती है और आपको किसी के बारे में प्रारंभिक प्रभावशाली बयान देने का केवल एक मौका मिलता है। इसे किसी व्यक्ति के कार्यों का आकलन करने का आदर्श क्षण भी मानें क्योंकि प्रारंभिक बैठक के दौरान अधिकांश लोग सबसे सकारात्मक होते हैं।

सेल्सपर्सन और साक्षात्कारकर्ता इस कौशल का उपयोग करने में माहिर हैं, जो अक्सर केवल एक हाथ मिलाने के बाद ग्राहकों या संभावित कर्मचारियों के साथ एक अनुकूल पहली छाप बनाते हैं। उनका रहस्य? नवागंतुकों का परिचयात्मक हाथ मिलाकर अभिवादन करते समय टकटकी, स्वर की गुणवत्ता और मुद्रा पर पूरा ध्यान दें।

इससे कोई फर्क नहीं पड़ता कि सामाजिक या व्यावसायिक स्थिति में, लोगों के सामाजिक संकेतों पर नज़र रखने और मानसिक नोट्स लेने से आप उनका अधिक तेज़ी से आकलन कर सकेंगे। भले ही यह कभी-कभी दखल देने वाला लग सकता है, लेकिन जान लें कि यह सारा डेटा वैसे भी अवचेतन रूप से हमारे दिमाग में आ रहा है; इसकी उपस्थिति को याद रखने का सचेत प्रयास करके हम व्यवहार के संदर्भ में शीघ्रता से संबंध बना सकते हैं।

किसी से हाथ मिलाते समय इस बात पर ध्यान दें कि वे किस तरह छोटी-छोटी बातें करते हैं, चुटकुले सुनाते हैं और स्वाभाविक माहौल में व्यक्तिगत सवालों का जवाब देते हैं। यह जानकारी आधार रेखा स्थापित करने में मदद कर सकती है।

चरण 2: प्रश्न पूछकर विभिन्न प्रतिक्रियाओं को प्रेरित करें।

एक सटीक आधार रेखा बनाने की कुंजी विभिन्न स्थितियों में किसी व्यक्ति की सामान्य प्रतिक्रियाओं को इकट्ठा करना है - खुश, उदास या ऊबने पर वे कैसे प्रतिक्रिया करते हैं, यह सिर्फ उदाहरण हैं - हालांकि अंत्येष्टि जैसी रोजमर्रा की सेटिंग में यह मुश्किल हो सकता है - हालांकि कभी-कभी प्रतिक्रियाओं को मापने के लिए विशिष्ट प्रश्न पूछे जाते हैं उनके बारे में अधिक बारीकी से जानकारी प्रदान कर सकता है।

जब आप डेविड या जेन को "नहीं" कहते हैं तो क्या उनमें असुविधा के लक्षण दिखाई देते हैं? क्या टेलर से बात करते समय केविन अपनी भौंहें ऊपर उठाता है?

गैर-खतरनाक परिस्थितियों में आपकी प्रतिक्रियाएँ इस बात का आधार प्रदान करेंगी कि यह व्यक्ति अधिक खतरनाक परिदृश्यों में कैसे प्रतिक्रिया करता है।

आंखों की गति को सामान्य व्यवहार से विचलन के संकेतक के रूप में इस्तेमाल किया जा सकता है। दुनिया भर के शोधकर्ताओं के अनुसार, बेईमान गतिविधियों में शामिल लोग आमतौर पर बोलते समय आंखों का संपर्क बनाए रखते हैं, हालांकि उनका पैटर्न सामान्य स्थितियों से भिन्न होता है - उदाहरण के लिए, वे बोलते समय नीचे देख सकते हैं या कहीं और देख सकते हैं; या पहले लगातार आंखों से संपर्क प्रदर्शित करें लेकिन फिर ट्रिगर प्रश्नों या तनाव के कारण इसमें अचानक बदलाव आ जाता है; इसी तरह सामान्य से धीमी या तेज गति से पलकें झपकाना भी संकेत दे सकता है कि कुछ संदिग्ध हो रहा है।

बेसलाइन आयोजित करते समय जिन अन्य पहलुओं पर नजर रखनी चाहिए उनमें बैठने और खड़े होने की मुद्राएं, आवाज की गति और स्वर, हँसी की शैली, घबराई हुई हरकतें, हाथ के इशारे और उत्साह और आश्चर्य की अभिव्यक्तियां शामिल हैं। कई लोगों को इस बात का एहसास नहीं होता है कि उनका चेहरा अक्सर छोटी-छोटी अभिव्यक्तियों के साथ सच्ची भावनाओं को प्रकट करता है, जैसे मुस्कराहट की संक्षिप्त दरारें या भौंहें उठाना जो केवल मिलीसेकंड के लिए होती हैं, लेकिन वास्तव में यह बताती हैं कि कोई व्यक्ति वास्तव में कैसा महसूस करता है - शारीरिक भाषा के विपरीत जिसे जागरूकता के माध्यम से आंशिक रूप से नियंत्रित किया जा सकता है इसका।

पेशेवर इस बात से सहमत हैं कि चेहरे पर बयान के दौरान प्रदर्शित भावनाएं हमेशा अपराधबोध का संकेत नहीं देती हैं; कभी-कभी वे अपने मन की बात व्यक्त नहीं करना चाहते। जब कोई व्यक्ति इन लक्षणों को प्रदर्शित करता है, तो विशिष्ट प्रश्न पूछकर आगे की जांच करें कि वे ऐसा क्यों महसूस कर रहे हैं।

चरण 3: आधारभूत व्यवहार का मानसिक रिकॉर्ड रखें।

इस पहेली को सुलझाने की अंतिम कुंजी आपके द्वारा मानसिक रूप से देखी गई हर चीज़ को याद रखने में निहित है। यदि आवश्यक हो तो जीवनसाथी, पेशे या गृहनगर के पते जैसी किसी भी अतिरिक्त जानकारी के साथ उनके व्यवहार को दर्ज करें - खासकर यदि आपकी याददाश्त कमजोर है! यह अतिरिक्त विवरण प्रदान करने से अन्य विवरणों को अधिक आसानी से याद करते हुए बिंदुओं को अधिक तेज़ी से जोड़ने में मदद मिल सकती है; बस सबकुछ लिखो मत, अपने मस्तिष्क को याद रखने दो!

अध्याय 20: उचित प्रश्न तैयार करें

क्या आपने कभी किसी पार्टी में भाग लिया है, जहां लोगों के एक समूह को काम से जुड़ी एक आकर्षक कहानी सुनाते समय, प्रतिक्रिया में जो कुछ सुना गया वह था, "ओह हाँ! बढ़िया। क्या वे झींगा परोस रहे हैं?" और आपकी ऊर्जा इतनी तेजी से नष्ट हो गई जितनी जल्दी आपकी कहानी समाप्त हो गई, बिना इस बात से संतुष्ट हुए कि चीजें कैसे हुईं?

हुआ यह कि कोई आधा-अधूरा सुन रहा था और उसने एक अप्रासंगिक प्रश्न पूछ लिया, जिससे आपका संवाद और मूड दोनों ख़त्म हो गए। बातचीत को सुचारु रूप से जारी रखने के लिए, ध्यान दें और प्रासंगिक प्रश्न पूछें - इससे वे अधिक स्वतंत्र रूप से बात कर सकेंगे और अंततः आपको उनके बारे में गहरी जानकारी प्राप्त करने में मदद मिलेगी, जिससे बदले में आपको उन्हें बेहतर ढंग से पढ़ने में मदद मिलेगी। यह डोमिनो प्रभाव की तरह है!

निमंत्रण संचार के मूलभूत उपकरणों में से एक है; यह उपस्थित लोगों को सूचित करता है कि जिन विषयों पर वे शोध कर सकते हैं उनके बारे में सुझाव देते समय बोलने की अब उनकी बारी है।

उदाहरण: यह पूछना, "आपने जो आखिरी किताब पढ़ी थी वह कैसी थी?" आपके द्वारा अपने प्रश्न में संबोधित किए गए विशिष्ट विषय के संबंध में बातचीत के लिए एक निमंत्रण खुलता है।

जब बातचीत पटरी से उतर जाती है तो ये निमंत्रण एक आवश्यक सुरक्षा जाल के रूप में काम करते हैं। यदि आप अपने आप को बातचीत के लिए विषयों के साथ आने में संघर्ष करते हुए पाते हैं, तो मिश्रण में एक निमंत्रण देने का प्रयास करें - खासकर यदि यह किसी ऐसी चीज़ से संबंधित है जिस पर आपने पहले चर्चा की है! अन्यथा नए विषयों को शुरू करने से कोई नुकसान नहीं होगा।

निमंत्रण प्रश्न या कथन का रूप ले सकते हैं। प्रश्न-आधारित निमंत्रणों का उपयोग करते समय, अधिकतम प्रतिक्रिया के लिए भाषा को खुला और प्रासंगिक रखना सुनिश्चित करें।

ये खुले अंत वाले प्रश्न आपके सामने वाले व्यक्ति को संक्षिप्त उत्तर देने के बजाय विस्तार से बताने की अनुमति देते हैं। उदाहरण के लिए, यह पूछना, "क्या आपकी यात्रा अच्छी रही?" इसका परिणाम संभवतः हाँ या ना में होगा। इसके विपरीत, यह पूछना कि "आपकी यात्रा कैसी रही?" आपको अधिक विस्तृत उत्तर प्राप्त हो सकते हैं जो दूसरे व्यक्ति को दिखाते हैं कि आप उनकी परवाह करते हैं और उन्हें अपनी यात्रा के बारे में अधिक जानकारी आपके साथ साझा करने के लिए प्रेरित करते हैं।

दूसरे को जानने में रुचि लेकर आप अपना परिचय प्रदर्शित करते हैं। यह आपके और उस व्यक्ति के बीच एक सशक्त बंधन बनाता है और उन्हें और अधिक खुलने का मौका देता है।

ज्ञानवर्धक प्रश्न पूछने के समान ही, ज्ञानवर्धक प्रश्न पूछना आपकी रुचि को दर्शाता है। क्लासिक नियम "दिखाओ, बताओ मत" का पालन करते हुए, बोधगम्य प्रश्न पूछकर आप उन लोगों को दिखाते हैं जिनकी आप परवाह करते हैं - हालाँकि नासमझ होने से सावधान रहें!

इसके बाद अच्छे और ज्ञानवर्धक प्रश्न पूछने का हमारा काम आता है।

ऐसा करने से आपको उनके वास्तविक स्वरूप के बारे में अधिक जानकारी नहीं मिलेगी, क्योंकि यहां तक कि वे भी यह नहीं समझ पाएंगे कि आपकी रुचि क्यों है। वे शायद यह मान लें कि आपको उनसे ज़्यादा मौसम की परवाह है! इसी तरह, "आपकी सबसे गहरी इच्छा क्या है?" जैसे अंतरंग प्रश्न पूछकर आप उन्हें असहज कर सकते हैं और जितनी जल्दी हो सके आपसे दूर भागना चाहते हैं।

छोटी और सहज शुरुआत करें। जैसे-जैसे आपके प्रश्न बढ़ते हैं, दूसरे व्यक्ति के सहजता स्तर पर विचार करते हुए धीरे-धीरे अधिक घनिष्ठ प्रश्न पूछें। यदि किसी भी समय वे आपकी पूछताछ से परेशान दिखें या असुविधा के लक्षण प्रदर्शित करें, तो रुकें। इसके बजाय, गहराई से जांच जारी रखने की अनुमति मिलने तक कम दखल देने वाले प्रश्नों पर वापस जाएँ।
हालाँकि, किसी के व्यक्तित्व के बारे में गहराई से जानने से पहले दो महत्वपूर्ण बातों को ध्यान में रखना चाहिए।
सबसे पहले और सबसे महत्वपूर्ण, किसी रिश्ते को औपचारिक से अंतरंग में बदलना रातोरात नहीं होता है; बल्कि यह एक क्रमिक प्रक्रिया है जिसमें समय के साथ कई वार्तालाप होते हैं। शुरुआत में बातचीत परिवार और शौक जैसे सतही विषयों के इर्द-गिर्द घूम सकती है; समय के साथ ये पिछले रिश्तों या बचपन के आघात जैसी व्यक्तिगत चर्चाओं तक विस्तारित हो सकते हैं।
अपने आप को याद दिलाएं कि प्रत्येक बातचीत संबंध बनाने और किसी व्यक्ति के बारे में अधिक जानकारी प्राप्त करने का अवसर प्रदान करती है। समय के साथ, वे अपने बारे में व्यक्तिगत विवरण साझा करने में अधिक सहज महसूस कर सकते हैं।
दूसरा, विश्वास स्थापित करें. यदि आप किसी से अपने जीवन के अंतरंग विवरण बताने के लिए कहते हैं, तो बदले में वैसा ही करने के लिए तैयार रहें। अपने बारे में विवरण साझा करने से आप दोनों के बीच विश्वास का एक चैनल खुलेगा जो किसी भी रिश्ते में विश्वास पैदा कर सकता है।
आमंत्रण प्रश्न संवाद शुरू करने में बहुत अच्छे हैं, लेकिन वे अकेले काम नहीं करेंगे। इसलिए संवाद को बढ़ाने के लिए अनुवर्ती प्रश्नों का उपयोग करें।
सीधे शब्दों में कहें, तो किसी से ऐसे प्रश्न पूछें, "आप इसके बारे में कैसा महसूस कर रहे हैं?" या "आपने ऐसा क्यों कहा?" उनकी कहानी या संदेश के प्रति वास्तविक जिज्ञासा दिखाता है और उन्हें यह पुष्टि प्रदान करता है कि उनके विचारों को कोई महत्व देता है। इससे आपको बातचीत के दौरान ध्यान से सुनने पर मूल्य प्रदर्शित करने का मौका भी मिलता है जो अन्यथा आपके लिए बहुत असुविधाजनक या उबाऊ लग सकता है।

अगली बार जब कोई अस्पष्ट शब्दों में बात करे, तो केवल सिर हिलाने और तेजी से आगे बढ़ने के बजाय, उनसे पूछें, "इससे आपका क्या मतलब था?" बातचीत को आगे बढ़ाने और अधिक सार्थक बनाने के लिए यहां कुछ अतिरिक्त विचार दिए गए हैं:
* आप इन दिनों क्या कर रहे हैं, आपकी बहन/भाई/पति/पत्नी? * आपका दिन कैसा बीता - और इसका सबसे रोमांचक हिस्सा क्या था? * आपने इतनी सोच-समझकर टिप्पणी क्यों की? * क्या आप इसे विस्तार से बता सकते हैं और इसे और समझने में मेरी मदद कर सकते हैं?
* क्या आप मानते हैं कि इस मुद्दे पर आपके विचार बदल जाएंगे और अंततः इस बारे में उनका मन बदल जाएगा?

प्रत्येक प्रश्न का उत्तर देने से पहले, दूसरे व्यक्ति को उत्तर देने के लिए समय और स्थान दें, उनके उत्तर के दौरान बिना रुके। किसी को बेहतर तरीके से जानने के लिए सुनना महत्वपूर्ण है!

आइंस्टीन की प्रसिद्ध सलाह थी, "हर चीज़ पर सवाल उठाओ"। जिन लोगों के साथ हम बातचीत करते हैं उनसे व्यावहारिक प्रश्न पूछने से कुशल बातचीत बनाने, भरोसेमंद रिश्ते बनाने और सार्थक बंधन बनाने में मदद मिलती है।

अध्याय 21: झूठ का पता लगाने में महारत हासिल करने के लिए फास्ट ट्रैक

आपने कितनी बार सोचा है, "बहुत हो गया। वे हमेशा झूठ बोलते हैं!"? चाहे किसी असफल रिश्ते के बाद या नौकरी में पदोन्नति का वादा भटक गया हो, झूठ बोलना हमेशा निराशाजनक होता है और यह हमें हमारे फैसले और उन लोगों पर भरोसा करने पर सवाल खड़ा कर सकता है जिन पर हमने कभी कम भरोसा किया था। अगर कोई रास्ता निकले तो क्या होगा? यह अध्याय आपको अपने स्वयं के मानव झूठ डिटेक्टर बनने के लिए उपकरणों से लैस करेगा ताकि आप किसी भी संदिग्ध संकेत को तुरंत पहचान सकें और केवल विश्वसनीय व्यक्तियों पर भरोसा करना सीख सकें।

सच कहा जाए तो ज्यादातर लोग कभी-कभी झूठ बोलते हैं। कभी-कभी यह सिर्फ छोटा-सा सफेद झूठ हो सकता है जैसे "नहीं प्रिये, वह पोशाक तुम्हें मोटी नहीं दिखाती!" लेकिन अन्य मामलों में झूठ अधिक स्पष्ट हो सकता है जैसे, "मेरी माँ बीमार थी इसलिए मुझे आज देर हो गई", या बिल्कुल भ्रामक जैसे, "मेरा कोई चक्कर नहीं चल रहा है; मेरे पास काम पर एक और पूरी रात थी"।

हालाँकि, अधिकांश लोग झूठ को पहचानने में कमज़ोर होते हैं, जिसके कारण वे धोखा खा जाते हैं। इस क्षेत्र की जांच के लिए किए गए एक अध्ययन से पता चला कि केवल 54% प्रतिभागी ही झूठ का सही ढंग से पता लगा सके। [16]

झूठ बोलने वाले और सच बोलने वाले व्यक्तियों के बीच व्यवहार में अंतर का आकलन करना मुश्किल हो सकता है, क्योंकि ऐसे कोई स्पष्ट संकेत नहीं हैं जो किसी को किसी भी समूह की पहचान करने की अनुमति दे सकें; हालाँकि, सूक्ष्म संकेतक एक को दूसरे से अलग करने में मदद कर सकते हैं। जैसा कि पहले एक अन्य अध्याय में बताया गया है, आधारभूत व्यवहार से भिन्नता झूठ बोलने का एक और संकेतक है।

हालाँकि, यह पहचानना आवश्यक है कि झूठ का पता लगाना बहुत हद तक आपकी आंत पर भरोसा करने पर निर्भर करता है। यह जानने से कि किन संकेतों पर ध्यान देना चाहिए और यह सीखकर कि अपने ज्ञान और सहज ज्ञान से उनकी व्याख्या कैसे की जाए, झूठ का पता लगाना आपके लिए बहुत आसान हो जाएगा।

कई उद्योगों में मनोवैज्ञानिकों और शोधकर्ताओं ने धोखे और शारीरिक भाषा पर व्यापक अध्ययन किया है ताकि कानून प्रवर्तन सदस्यों को धोखेबाजों और झूठे लोगों का अधिक तेजी से और सटीक रूप से पता लगाने में मदद मिल सके। इस शोध के नतीजे ने कई संभावित लाल झंडों को उजागर किया है जो किसी धोखे का संकेत दे सकते हैं:

* स्वेच्छा से न्यूनतम विवरण देकर जानबूझकर अस्पष्ट होना; किसी घटना या घटना के बारे में विशेष जानकारी देने में असमर्थ होना

विशिष्ट प्रश्नों का उत्तर देते समय वाक्यों या प्रश्नों को दोहराना; वाक्य के टुकड़ों में बात कर रहे हैं.

* संवारने के व्यवहार का प्रदर्शन करना जैसे होठों पर उंगलियां दबाना या बालों की लटों में हेरफेर करना

जैसा कि किसी भी अन्य चीज़ के साथ सच है, अभ्यास झूठ का पता लगाने में भी निपुण बनाता है। शोध पढ़ना और सीखना आपको केवल यहीं तक ले जा सकता है; वास्तव में झूठ का पता लगाने में महारत हासिल करने के लिए बारीकी से ध्यान देने और 100% जागरूक होने की आवश्यकता होती है।

इस प्रकार, अब हम अपना ध्यान उन संकेतकों या संकेतों पर केन्द्रित करते हैं जिन पर आपको किसी धोखेबाज़ को पहचानने का प्रयास करते समय ध्यान देना चाहिए।

सबसे पहले और सबसे महत्वपूर्ण, इस बात से अवगत रहें कि किन संकेतों पर ध्यान देना है। जबकि लोग झूठ का पता लगाने के लिए वैध संकेतों पर भरोसा करते हैं, झूठ संकेतक के रूप में उनकी विश्वसनीयता सीमित हो सकती है। कुछ सामान्य धोखे के संकेत जो लोग देखते हैं उनमें शामिल हैं:

* उदासीनता प्रदर्शित करना: जब कोई व्यक्ति अभिव्यक्ति को दबाकर और बिना बताए भावनात्मक रूप से तटस्थ रहने का प्रयास करता है, तो वह अभिव्यक्ति की कमी दिखा सकता है, भावशून्य मुद्रा अपना सकता है या बहुत अधिक जानकारी प्रकट न करने के तरीकों के रूप में कंधे उचकाने लगता है।

* स्वर असंगति: यदि कोई वक्ता अपने बारे में अनिश्चित लगता है और बोलते समय बड़बड़ाना या हकलाना शुरू कर देता है, तो इसका कारण यह हो सकता है कि उनका मस्तिष्क उनके झूठ को छिपाने के लिए पर्याप्त तेजी से नहीं सोच सकता है।

* ज़्यादा सोचना: जब कोई व्यक्ति सच्चाई को विकृत करने का इरादा रखता है, तो इसका परिणाम अक्सर ज़्यादा सोचना हो सकता है। किन संकेतों पर ध्यान देना चाहिए और किसी भी स्थिति में प्रभावी ढंग से निर्णय लेने की क्षमता के उचित ज्ञान के साथ, समझ बहुत आसान हो सकती है।

दूसरा, केवल बॉडी लैंग्वेज पर निर्भर न रहें। अधिकांश झूठ पकड़ने वाली किताबें और ब्लॉग धोखेबाजों को पकड़ने के लिए पूरी तरह से शारीरिक भाषा पर ध्यान केंद्रित करने की वकालत करते हैं - व्यवहार और शारीरिक संकेतों में सूक्ष्म परिवर्तन जो बताते हैं कि कौन बेईमान है। हालाँकि, शोध अब इंगित करता है कि शारीरिक भाषा के संकेत झूठ पकड़ने में मदद कर सकते हैं लेकिन हमेशा धोखे के विश्वसनीय संकेतक नहीं होते हैं।

एक शोध मनोवैज्ञानिक, हॉवर्ड एर्लिचमैन ने पाया कि आंखों की गतिविधियों में बदलाव हमेशा झूठ बोलने का संकेत नहीं देता है; वे दीर्घकालिक स्मृति से जानकारी प्राप्त करने या बहुत अधिक सोचने के कारण हो सकते हैं।[17]

इन और अन्य अध्ययनों से, यह निष्कर्ष निकाला जा सकता है कि शारीरिक भाषा, हालांकि अक्सर सटीक होती है, हमेशा झूठ बोलने का सबसे अच्छा संकेतक नहीं हो सकती है। किसी व्यक्ति और उनके व्यवहार पैटर्न को जानने से झूठ को आधारभूत व्यवहार पैटर्न से अलग करने में मदद मिलती है।

तीसरा, उन्हें अपनी कहानी सुनाने के लिए कहें - पीछे की ओर! इस अभ्यास के पीछे सिद्धांत यह है कि अशाब्दिक और मौखिक संकेत जो सत्य को झूठ से अलग करते हैं, जब संज्ञानात्मक भार बढ़ता है तो अधिक प्रमुख हो जाते हैं - ऐसा इसलिए है क्योंकि सच बोलने की तुलना में झूठ बोलना एक थका देने वाली प्रक्रिया है - इसलिए लोग क्यों कहते हैं "यदि आप सच बोलते हैं, तो आप इसके सभी विवरण याद रखने की ज़रूरत नहीं है"।

जानबूझकर झूठ बोलना अधिक संज्ञानात्मक रूप से चुनौतीपूर्ण गतिविधियाँ हैं; उनमें संलग्न लोगों को अपने स्वयं के व्यवहार और श्रोताओं दोनों की निगरानी करते हुए, अपने झूठ को उजागर करने वाली किसी भी कहानी को छिपाने की कोशिश में बहुत अधिक मानसिक संसाधनों की आवश्यकता होती है। विश्वसनीयता स्थापित करने और अपनी कहानी के बारे में दूसरों को आश्वस्त करने के लिए प्रयास करना पड़ता है, लेकिन जब इसे पीछे की ओर बताने की मांग के साथ जोड़ा जाता है, तो आप उनकी कथा या व्यवहार संबंधी विसंगतियों में कोई दरार देखना शुरू कर सकते हैं। शोध ने इस सिद्धांत की पुष्टि की है। यदि कोई कहानी विवरण

में पतली लगती है, या पूरी तरह से बनाई गई है, तो याद रखें कि पहली बार कौन से विवरण दोहराए गए थे! ऐसा करने से आपको झूठ और सच में फर्क करने में आसानी होगी।

जैसा कि पहले चर्चा की गई, अपने अंतर्ज्ञान पर भरोसा रखें! जैसा कि पहले संकेत दिया गया है, झूठ का पता लगाने के खिलाफ अपने पेट की निगरानी करना आपका सबसे बड़ा हथियार हो सकता है। कई अध्ययनों ने साबित किया है कि धोखे का पता लगाने में आंतरिक अवचेतन संकेतक सचेत रणनीतियों की तुलना में अधिक प्रभावी हैं। मनुष्य के पास सहज, अचेतन डेटा होता है जिस पर ध्यान देने पर धोखे को पहचानने में मदद मिलती है।

हालाँकि वृत्ति अत्यधिक विश्वसनीय हो सकती है, लोगों में अक्सर उनका सटीक उपयोग करने के कौशल या क्षमता की कमी होती है और वे भ्रामक सोच के प्रति संवेदनशील रहते हैं। दुर्भाग्य से, हालाँकि, सचेत विचार या प्रतिक्रिया स्वचालित जुड़ाव में हस्तक्षेप कर सकती है - अपनी सहज प्रवृत्ति पर भरोसा करने के बजाय, आपके सचेत विचार पैटर्न या रूढ़िवादी कार्यों का विश्लेषण करना शुरू कर देते हैं और अंततः खुद पर भरोसा करने से पूरी तरह से बाहर हो जाते हैं। अपने आप को अच्छी तरह से जानने से आप सहज प्रतिक्रियाओं को पहचानने की अनुमति देते हैं, जबकि उन व्यवहारों पर अधिक जोर नहीं देते हैं जो आत्म-संदेह की ओर ले जाते हैं और आपको यह सवाल करने पर मजबूर करते हैं कि क्या यह अवसर पर काम कर सकता है!

अंत में, उनके आत्मविश्वास स्तर में बदलाव का निरीक्षण करें। ध्यान देने से आपको पता चलेगा कि संभावित धोखेबाज का सामना होने पर उसकी शैली बदल जाती है; अधिकांश झूठे लोग झूठ बोलने के अपने सीमित क्षेत्र में सुरक्षित महसूस करते हैं, जहां वे नियंत्रण में महसूस करते हैं; हालाँकि, यदि कोई चीज़ उनके द्वारा कही गई किसी भी बात को चुनौती देती है तो इससे उनका नियंत्रण खो सकता है और इस प्रकार आत्मविश्वास का स्तर काफी कम हो सकता है।

जैसे-जैसे वे दबाव महसूस करने लगते हैं, आप देख सकते हैं कि वे अपनी कहानी बदल रहे हैं या कुछ घटनाओं के बारे में असंगत उत्तर दे रहे हैं, उनके उत्तर अधिक अनियमित हो गए हैं और उनका वर्णन करने का तरीका बदल गया है। इस तरह के व्यवहारिक परिवर्तनों को देखकर आप उनकी कहानी में कमियाँ देख सकते हैं और उनके असली इरादों को पहचान सकते हैं।

ध्यान रखें कि यह निर्धारित करना कठिन हो सकता है कि आपके सामने कोई सच बोल रहा है या कहानियाँ बना रहा है; शायद वे जानकारी छुपाने में माहिर हैं, या आपका विश्वास आपके लिए कुछ भी गलत पकड़ना कठिन बना सकता है। लेकिन ऊपर बताए गए संकेत और संकेतक बता सकते हैं कि कोई आपसे कुछ छिपा रहा है।

अगली बार जब आपको किसी की ईमानदारी का आकलन करना हो, तो झूठ से जुड़े किसी भी सूक्ष्म सुराग पर ध्यान दें। यदि आवश्यक हो, तो उन पर अपनी कहानी बताने के लिए तर्कसंगत रूप से दबाव डालकर दबाव बढ़ाएँ। इन प्रथाओं को अपनाकर और इन युक्तियों को ध्यान में रखकर, आप अपने जीवन से उन लोगों को जल्दी से कम कर पाएंगे जो आपके साथ बेईमानी कर रहे हैं।

आप कैसे बता सकते हैं कि कोई भूलवश झूठ बोल रहा है? आप यह कैसे निर्धारित कर सकते हैं कि कोई भूलवश झूठ बोल रहा है? यदि कोई स्पष्ट रूप से झूठ नहीं बोलता है बल्कि सच्चाई का केवल एक हिस्सा प्रस्तुत करता है, तो क्या इसे झूठ बोलना या केवल संचार करना माना जाता है? भूलकर झूठ बोलना एक चतुर युक्ति है जिसका उपयोग जो कुछ भी हुआ उसे बताने से बचने के लिए किया जाता है; रिकॉर्ड के प्रयोजनों के लिए इसे झूठ माना जाना चाहिए

क्योंकि यह इसके प्राप्तकर्ता को सटीक समझ प्राप्त करने से रोकता है। उदाहरण के लिए, कोई बच्चा आपको बता सकता है कि वे आइसक्रीम को फ्रीजर में रखते हैं और बाद में बाहर आकर खुद ही खा लेते हैं; रिकार्ड के लिए इसे झूठ के रूप में वर्गीकृत किया जाना चाहिए, क्योंकि यह सूचना प्राप्तकर्ता को सभी पक्षों को देखने से रोकता है। उदाहरण के लिए, कोई बच्चा कह सकता है कि उन्होंने आइसक्रीम को फ्रीजर में रख दिया है, लेकिन फिर यह बताने से चूक जाता है कि उन्होंने इसे बाद में वहां से निकाला, जहां से यह बाद में निकली थी, जबकि उन्हें सभी तथ्यों के बारे में पूरी तरह से नहीं बताया गया था, जैसे कि इसे बाद में निकालना और बाद में खाना। आपके द्वारा यथासंभव पूछा गया।

हालाँकि, यदि आपका प्रश्न "आइसक्रीम कहाँ गई?" था, तो उनका उत्तर आपको पर्याप्त विवरण प्रदान नहीं करता था; भले ही उनकी कहानी कितनी भी सटीक रही हो।

छोड़े गए झूठ के साथ झूठ बोलने में समस्या यह है कि इसका उपयोग करने वाले अधिकांश व्यक्ति इसे झूठ नहीं मानते हैं, इसलिए वे उतने अनिच्छुक नहीं होते हैं या किसी के झूठ बोलने के विशिष्ट लक्षण नहीं दिखाते हैं। यह पूरी तरह से समझने के लिए कि कोई व्यक्ति झूठ क्यों बोलता है, हमें उनकी प्रेरणा जानने की जरूरत है; लोग शर्म, अपराधबोध या डर के कारण महत्वपूर्ण जानकारी छिपा सकते हैं, लेकिन चूंकि वे पूर्ण झूठ बोलने से हिचकते हैं, इसलिए अगर कोई बातचीत में महत्वपूर्ण विवरण छोड़ देता है तो जांचकर्ताओं के लिए सच्चाई तक पहुंचना आसान हो सकता है।

उन संकेतों की जाँच करें जिनसे पता चलता है कि कोई व्यक्ति किसी महत्वपूर्ण विषय पर चर्चा करते समय असहज महसूस करता है। क्या वे अस्पष्ट लगते हैं, बहुत अधिक ब्रेक लेते हैं, आंखों से संपर्क करने से बचते हैं? स्पष्टता के लिए विशिष्ट प्रश्न पूछें ताकि लोगों को विशिष्ट विवरण साझा करने या न करने के बारे में सचेत निर्णय लेने के लिए मजबूर किया जा सके, अब "मैं झूठ नहीं बोल रहा हूँ" के पीछे छिपने में सक्षम नहीं होंगे, जिससे आप किसी के स्वतंत्र रूप से झूठ बोलने की तुलना में अधिक आसानी से पूरी सच्चाई जान सकेंगे। बिना कोई हिचकिचाहट। यहां तक कि अगर कोई झूठ बोलता है, तो उसके संकेतों का पता लगाना किसी ऐसे व्यक्ति की तुलना में आसान होगा जो बिना किसी हिचकिचाहट के बार-बार झूठ बोलता है।

अध्याय 22: पतली स्लाइसिंग की कला में सटीकता से महारत हासिल करें

क्या आप कभी किसी ऐसे व्यक्ति से मिले हैं जिसने आपको तुरंत असहज कर दिया था, फिर भी आप यह नहीं पहचान पाए कि वे आपको असहज क्यों लगे? क्या आपको देखने के उनके तरीके में कुछ गलत लग रहा था, लेकिन ठीक-ठीक पता नहीं चल पाया कि वास्तव में क्या है? क्या उन्होंने आपको असहज कर दिया है लेकिन आप इस पर अपनी उंगली नहीं रख सकते कि वे इस तरह क्यों दिखते हैं? यदि यह आपको परिचित लगता है तो अध्याय 22 समाधान प्रदान कर सकता है: पतली स्लाइसिंग करते समय सटीकता प्राप्त करना।

"कुछ ठीक नहीं लगा।" आप अपने जीवनसाथी को यह समझाने की व्यर्थ कोशिश कर रहे होंगे कि आपने दंत चिकित्सा प्रक्रियाओं के लिए उस विशिष्ट दंत चिकित्सक को क्यों नहीं चुना या आपने एक प्रभावशाली नौकरी की पेशकश को क्यों अस्वीकार कर दिया।

प्रतिदिन हम विभिन्न लोगों के संपर्क में आते हैं; कुछ को हम बमुश्किल जानते हैं और कुछ जो अमिट छाप छोड़ते हैं। आप किसी पार्क में थोड़े समय के लिए मिले किसी व्यक्ति को स्नेही या दयालु के रूप में याद कर सकते हैं, जबकि कोई अन्य अजनबी असभ्य या अजीब के रूप में सामने आ सकता है।

क्या हमारे सभी प्रारंभिक निर्णय अनुचित और हमारे अपने पूर्वाग्रहों के कारण हैं? शायद नहीं! शायद पहली छाप मायने रखती है क्योंकि वे किसी के बारे में कुछ ऐसा खुलासा करते हैं जिसे हमारा चेतन मन अभी तक समझ नहीं पाता है। लोगों के बारे में त्वरित लेकिन सटीक धारणा बनाने की इस क्षमता को थिन स्लाइसिंग के रूप में जाना जाता है।

किसी के व्यक्तित्व के बारे में पहली धारणा या निर्णय अकेले संयोग से नहीं बनते - वे वास्तव में हमारे अवचेतन मन द्वारा सूचनाओं को हमारी समझ से कहीं अधिक तेजी से संसाधित करके बनाए जाते हैं! आप पूछते हैं, हममें से कुछ लोग दूसरों की तुलना में बेहतर निर्णय क्यों ले सकते हैं?

जो चीज़ सटीक निर्णय लेने वालों को उन लोगों से अलग करती है जो ऐसा नहीं करते हैं, वह है उनका अपने "अंतर्ज्ञान" पर भरोसा। वे वही सुनते हैं जो उनका मन उनसे कहता है और सचेत प्रयास के माध्यम से इन कौशलों को विकसित करते हैं।

पतली स्लाइसिंग को वैज्ञानिक रूप से जानकारी के छोटे टुकड़ों के आधार पर सूचित निर्णय लेने की क्षमता के रूप में परिभाषित किया जा सकता है। कई प्रयोगों ने साबित किया है कि किसी के बारे में हमारे निष्कर्ष सुसंगत हैं, भले ही हम उनके साथ कितनी देर तक बातचीत करते हैं - पांच सेकंड या पांच मिनट से! [18] हमारा अवचेतन मन उनके बारे में सूक्ष्म लक्षण देखता है जैसे कि पलकें झपकाना, कठोर मुद्राएं, मुस्कुराहट या इशारे जो हमें प्रभावित करते हैं हमारे चेतन मन को पता चले बिना हमारे पास से निकल जाएं।

क्या यह आश्चर्यजनक नहीं हो सकता? केवल एक कथन या सूक्ष्म लक्षण के आधार पर किसी के बारे में सटीक धारणा बनाना इतना सटीक हो सकता है।

तो फिर हम अब तक लोगों को दिमाग से पढ़ने में माहिर क्यों नहीं हो पाए? अधिकतर इन निर्णयों को स्पष्ट करने में असमर्थ होने के कारण। हमारी उंगलियों पर पर्याप्त विवरण नहीं होने का मतलब है कि यह गैर-मौखिक डिकोडिंग हमें इसका एहसास होने के बिना भी होती है, इस प्रकार वास्तविकता को प्रतिबिंबित नहीं करने के बावजूद पहली छापों को इतना महत्व दिया जाता है, बल्कि यह हमारे अवचेतन मन से संकेतों के रूप में कार्य करता है कि वे हमारे लिए उत्तर दे सकते हैं।

मनुष्य के रूप में, हम एक सीमा के भीतर केवल स्वयं पर भरोसा करने के लिए बाध्य हैं। नकारात्मक पूर्वाग्रह हमें खुद पर बहुत अधिक भरोसा करने से रोकता है। आप मन में सोच रहे होंगे: 'यह सब बहुत अच्छा लगता है; हालाँकि अगर मैंने अपनी अंतरात्मा पर अधिक भरोसा किया होता तो मैंने यह पुस्तक नहीं खरीदी होती!"

मैं आपकी दुविधा समझता हूं; अपनी अंतरात्मा पर भरोसा करने से मुझे अक्सर जुए में हार का सामना करना पड़ा! और हालाँकि मैं आपके अवचेतन मन को आपके निर्णयों का मार्गदर्शन करने देने की वकालत नहीं करता, फिर भी हमारा मस्तिष्क जितना श्रेय हम उन्हें देते हैं, उससे कहीं अधिक होशियार है! क्या आप जानते हैं कि हमारा दिमाग हर सेकंड 11 मिलियन बिट जानकारी संसाधित कर सकता है? फिर भी हमारा चेतन मन केवल 40-50 बिट्स ही संसाधित करने में सक्षम प्रतीत होता है। [19] हमारा मस्तिष्क वास्तव में जो संभाल सकता है और जो हम समझते हैं कि वह संभाल सकता है, उसके बीच यह एक बहुत बड़ा अंतर है; जबकि हम केवल 50 बिट्स ही संसाधित कर रहे हैं, हमारा अवचेतन मस्तिष्क पहले से ही अवलोकन कर चुका है, अनुमान लगा चुका है, और राय बना चुका है, जो कि हमारी सचेत जागरूकता हमें प्रदान कर सकने वाली किसी भी चीज़ से कहीं अधिक सटीक है।

तुलनात्मक रूप से कहें तो, हमारे अवचेतन ने सूचना प्रसंस्करण का उत्कृष्ट कार्य किया है; दुर्भाग्य से हम इसके प्रयासों को पर्याप्त रूप से पहचान नहीं पाते हैं। कल्पना कीजिए यदि हम निर्णय लेने में अपने अवचेतन पर अधिक भरोसा करते; लोगों के दिमाग तक पहुँचने के लिए किसी अन्य कौशल की आवश्यकता नहीं हो सकती है!

पतली स्लाइसिंग की कला की खोज के लिए हमें अपने अवचेतन विचारों को पहचानने और अपने अंतर्ज्ञान की सही व्याख्या करने की आवश्यकता है। उन छोटे-छोटे निर्णयों को दफ़न न करें जिन पर किसी का ध्यान नहीं जाता। किसी को लेबल करते समय, अपने आप से पूछें कि ऐसा क्यों है और अधिक गहराई से सोचें: क्या यह उनका एक पैर से दूसरे पैर पर बदलता वजन था या क्या उन्होंने बोलने से ठीक पहले अपने होंठ काटे थे?

हमारा अवचेतन मन जितना शक्तिशाली है, वह सचेत पूर्वाग्रहों से भी टकरा सकता है और कुछ दुर्भाग्यपूर्ण निर्णयों को जन्म दे सकता है। इसलिए, निर्णय लेते समय हर कोई केवल अपनी अंतरात्मा पर निर्भर नहीं रहता - संभावित शक्ति हम सभी के भीतर निहित है, इसे बस अनलॉक करने और ठीक से टैप करने की आवश्यकता है।

पतली स्लाइसिंग में न्यूनतम जानकारी वाले किसी व्यक्ति के बारे में अधिक सीखना शामिल है। उनके तौर-तरीके, शारीरिक हाव-भाव, लिखावट और पहनावे सभी उनके बारे में बहुत कुछ बताते हैं, बशर्ते उन्हें ध्यान से देखा जाए और किसी के अवचेतन के बारे में जागरूक किया जाए। मैल्कम ग्लैडवेल की सबसे अधिक बिकने वाली पुस्तक ब्लिंक के अनुसार, पतली स्लाइसिंग में किसी के "अनुकूली अवचेतन" का दोहन शामिल होता है। जबकि चेतन मन केवल सचेत अवलोकन के आधार पर लोगों या घटनाओं के बारे में अपने निष्कर्ष निकालते समय साक्ष्य-आधारित आकलन का उपयोग करते हैं, अनुकूली अचेतन अपने स्रोतों के रूप में साक्ष्य के बहुत छोटे हिस्से के साथ आकलन का उपयोग करता है।

जैसे-जैसे हम जानकारी को बारीक काटने की इस कला का अभ्यास करते हैं और उसमें सुधार करते हैं, हमारी सफलता हमारे द्वारा प्राप्त प्रत्येक अनुभव के साथ अभ्यास करने और सीखने में सक्षम होने पर निर्भर करती है। अपने अवचेतन में टैप करके और आकलन के बजाय जानकारी को फिल्टर करके, आप दूसरों को बेहतर ढंग से समझ सकते हैं और उनके व्यवहार का अनुमान लगा सकते हैं।

जॉन गॉटमैन, एक प्रतिष्ठित अमेरिकी मनोवैज्ञानिक, ने "लव लैब" के रूप में जाना जाने वाला विकास विकसित करने के लिए 3,000 से अधिक जोड़ों को शामिल करते हुए एक गहन शोध अध्ययन किया। सूचना एकत्र करने और पृथक्करण की इस पद्धति के माध्यम से, गॉटमैन ने निष्कर्ष निकाला कि आप प्रासंगिक डेटा को बारीकी से काटकर विवाह के भविष्य की भविष्यवाणी कर सकते हैं - न केवल इसे एक साथ इकट्ठा करना बल्कि इसकी प्रासंगिकता को भी समझना। यह सिद्धांत न केवल तथ्यों को इकट्ठा करने पर केंद्रित था बल्कि यह निर्धारित करने पर भी केंद्रित था कि कौन सी जानकारी सबसे अधिक प्रासंगिक थी।

और बिल्कुल यही आपको भी करना चाहिए। आपका अवचेतन मन लाखों बिट डेटा प्राप्त कर रहा होगा, लेकिन आपके चेतन मन को अब यह तय करना होगा कि कौन सी जानकारी महत्वपूर्ण या अप्रासंगिक है; यहां पुस्तक के अन्य भागों में प्रदान किए गए ज्ञान का मूल्य निहित है; इसके टूल का उपयोग यह जानने के लिए करें कि लोगों को बेहतर ढंग से समझने के लिए किन कार्यों, शब्दों और संकेतकों पर आपको ध्यान देने की आवश्यकता है और कौन से प्रासंगिक नहीं हैं।

गॉटमैन का सिद्धांत क्षणभंगुर चेहरे के भावों और संवादों पर ध्यान केंद्रित करने का सुझाव देता है जो स्वयं पर अधिक ध्यान आकर्षित किए बिना, तुच्छ प्रतीत होते हैं। हालांकि इससे तुरंत परिणाम नहीं मिलेंगे, पैटर्न को पहचानने में अभ्यास की आवश्यकता है - आपको ऐसे लोगों की पहचान करने की आवश्यकता है जो झूठ बोलते हैं, अपनी भावनाओं को अच्छी तरह से संरक्षित करते हैं या बहिर्मुखी व्यवहार के पीछे छिपते हैं - ताकि समय बढ़ने के साथ आपके चेतन और अवचेतन मन सहजता से संरेखित हो जाएं और गणना करने की अनुमति मिल सके। किसी के मन में क्या है इसका आकलन। [23]

अध्याय 23: पंक्तियों के बीच पढ़ना

कभी-कभी हम सभी यह समझने की कोशिश करते हैं कि जब कोई व्यक्ति "मुझे परवाह नहीं है" या "आपको ऐसा क्यों लगता है कि यह मायने रखता है" या "मैं ठीक हूं" जैसे वाक्यांशों का उपयोग करता है तो उसका क्या मतलब है; ये टिकते हुए बम की तरह महसूस हो सकते हैं जिनके लिए रिश्तों को कोई स्थायी नुकसान पहुंचाने से पहले आपको तुरंत उनके असली इरादे का पता लगाने की आवश्यकता होती है! आप स्वयं को यह सोचते हुए पाते हैं कि काश वर्षों पहले आपने उस टेलीपैथी कार्यशाला के लिए साइन अप किया होता!

व्याख्या अक्सर कठिन हो सकती है, खासकर तब जब वे अपने विचारों को सीधे संप्रेषित करने के लिए शब्दों का उपयोग नहीं करते हैं! शब्द चित्र का केवल एक हिस्सा हैं - जहाज को बचाने के लिए, किसी को समुद्र की तलहटी में जाकर पता लगाना होगा कि राक्षस कहाँ छिपे हैं - पंक्तियों के बीच में पढ़ने का यही मतलब है!

पंक्तियों के बीच में पढ़ना एक कला है जो निकटतम रिश्तों को भी बचा सकती है। इसके लिए समझ की आवश्यकता होती है जो स्पष्टीकरण के लिए बहुत कम जगह छोड़ती है और आपको सार्थक और उत्पादक संवादों के लिए आदर्श वातावरण बनाने की अनुमति देती है। अर्थ अक्सर केवल शब्दों से परे होता है - यही कारण है कि पूर्ण विराम, अल्पविराम और विस्मयादिबोधक चिह्न उनके अर्थ को संप्रेषित करने में इतनी आवश्यक भूमिका निभाते हैं।

लोग अपनी सच्ची भावनाओं को प्रकट करने के लिए जो संकेत देते हैं, उन्हें अक्सर मासूम इशारों के रूप में गलत समझा जा सकता है; लेकिन इन संकेतों को हमेशा संकेतक के रूप में गंभीरता से लिया जाना चाहिए कि लोग जो कहते हैं उसका एक अंतर्निहित अर्थ है; उदाहरण के लिए, "मैं हमेशा तुम्हारे साथ रहना चाहता हूं" जैसे शब्द प्यार की घोषणा की तरह लग सकते हैं, लेकिन जब अनिश्चित रिश्ते में अन्य लाल झंडों के साथ मिलते हैं तो दुरुपयोग या हेरफेर का संकेत दे सकते हैं।

जैसा कि 8 अरब से अधिक व्यक्तियों के व्यक्तिगत विचारों और व्यक्तित्वों वाले वातावरण में कोई उम्मीद कर सकता है, विभिन्न संदर्भों में अलग-अलग लोगों द्वारा बोले जाने पर एक वाक्य का मतलब एक ही नहीं हो सकता है। दूसरा व्यक्ति क्या कहना चाह रहा है उसे समझने के लिए आपको अधिक ध्यान से सुनना चाहिए। एक प्रतिष्ठित रियल एस्टेट निवेशक और कोच गैरी वॉग के अनुसार, हमारे पास दो कान हैं लेकिन केवल एक मुंह है, इसलिए सुनने को बोलने से अधिक प्राथमिकता दी जानी चाहिए।[23] लोग आपसे जो कह रहे हैं उसके प्रति खुले दिमाग से काम लें और साथ ही यह भी गहराई से समझें कि उनकी भाषा में बात करते समय उनके इरादे क्या हैं।

पंक्तियों के बीच में पढ़ने में मदद करने के लिए एक प्रभावी रणनीति बोलने से पहले एक क्षण का इंतजार करना है। उत्तर देने में जल्दबाजी करने का अर्थ यह हो सकता है कि वास्तव में जो कहा गया था उसे समझने में समय न लगना; और यदि आपका समकक्ष भी ऐसा ही करता है, तो उनका संदेश आसानी से गलतफहमी और खराब संचार के बीच खो सकता है।

जब कोई "मैं नहीं जानता" या "मैं अनिश्चित हूं" जैसे वाक्यांशों का उपयोग करता है, तो जैसे ही वे कहते हैं कि उन्हें कुछ समझ में नहीं आ रहा है, स्पष्टीकरण देने में जल्दबाजी न करें - इसके बजाय उन्हें जगह दें और हासिल करने के लिए अन्य संकेतकों का आकलन करें। उनके संदेश की एक पूरी तस्वीर।

किसी कहानी को पढ़ते समय पंक्तियों के बीच में पढ़ने के लिए ध्यान से सुनने और संदर्भ, व्यक्तित्व और स्थिति पर विचार करने की आवश्यकता होती है। एक लेखक अक्सर सीधे तौर पर यह नहीं बताता है कि उसके पात्र क्या व्यक्त करना चाह रहे हैं, बल्कि वह परिस्थितियाँ और सुराग प्रदान करता है कि उसके साथ क्या हो रहा है - पाठक इस संकेतक को आसानी से पहचान सकता है जो चरित्र प्रदान कर रहा है।

यहां एक कहानी का अंश दिया गया है:

एक घंटे के भीतर पांचवीं बार जब उसने घड़ी पर नजर डाली तो उसकी हथेलियों में पसीना आ रहा था, उसे पता था कि वह 8 बजे के आसपास आएगा। जैसे-जैसे प्रत्येक सेकंड आठ बजे के करीब आ रहा था, वह महसूस कर सकती थी कि उसके घुटने कमजोर हो गए हैं और उसके आगमन की प्रत्याशा में उसकी मुट्ठियाँ कस गईं। .

"हनी," कमरे के दूसरी ओर से उसके पति ने पूछा। उसने सरलता से उत्तर दिया. "मैं ठीक हूं, बस ठंड लग रही है," उससे नजरें मिलाए बिना इतना ही कहा गया। जब उसके दरवाजे की घंटी बजी तो वह अपने सोफे पर घुटनों को कसकर छाती से लगाकर अपने पति और उसके प्रेमी के बीच एक अजीब मुलाकात का इंतजार कर रही थी।

क्या लेखक ने संकेत दिया कि उनका चरित्र अस्थिर था, फिर भी क्या आपने उसकी शारीरिक भाषा और अंश से यह अनुमान लगाया? क्या आप देख सकते हैं जब उसने कहा: "यह एक लंबी, ठंडी रात होगी" तो यह सिर्फ मौसम के बारे में बात नहीं कर रही थी? संभावना है कि यह स्वाभाविक रूप से हुआ है क्योंकि एक लेखक सीधे आपका ध्यान इस ओर आकर्षित करता है कि पाठ के प्रत्येक पैराग्राफ में एक पात्र कैसे प्रतिक्रिया देता है।

हालाँकि, वास्तविक लोगों के साथ बातचीत करते समय, वास्तव में यह बताना मुश्किल होता है कि क्या हो रहा है, भले ही कुछ अजीब लगे। अपनी प्रकृति पर विश्वास रखें; भले ही स्रोत पहली नज़र में अस्पष्ट हो। जो कहा गया था उसे दोबारा याद करने के लिए एक मानसिक नोट बनाएं - उदाहरण के लिए यदि आपका कोई भाई-बहन या करीबी दोस्त लापरवाही से छह बजे तक घर आने का उल्लेख करता है जैसे "अगर मुझे देर हो जाती है तो सैम चिंतित हो जाता है"।

बातचीत चाहे कितनी भी अनौपचारिक क्यों न लगे, इसमें कुछ न कुछ अटपटा जरूर लगता है। शायद यह उसका लगातार समय देखने का तरीका था या उसका हड़बड़ाया हुआ लहजा था; या यह केवल संदर्भ या स्वर पर विचार किए बिना चुने गए शब्द हो सकते हैं।

"घर वापस आना होगा" चिंता की अभिव्यक्ति की तुलना में एक अल्टीमेटम की तरह लगता है, जो यह संकेत दे सकता है कि वह अपने साथी के साथ अस्वस्थ रिश्ते में है; शायद दोनों को प्यार और देखभाल के नाम पर होने वाले भावनात्मक शोषण के बारे में पता नहीं है। यह पता लगाने में सक्षम होने से कि दूसरे व्यक्ति ने क्या संचार करने का प्रयास किया, हमें सीधे संचारित की गई बातों से परे देखने की अनुमति मिलती है।

अधिक समझ हासिल करने के लिए उस पर ध्यान केंद्रित करें जो अनकहा था - मौन और विराम। खामोशी बहुत कुछ बोल सकती है; उदाहरण के लिए, यदि आपका बच्चा स्कूल में अपने दिन के बारे में पूछे जाने पर अचानक चुप हो जाता है; इसी तरह अगर वे शब्द नहीं बोलने का निर्णय लेते हैं तो वे उन समस्याओं का संकेत दे सकते हैं जिन पर संचार के अन्य पहलुओं के दौरान ध्यान देने लायक है। आप इसी रणनीति को किसी ऐसे व्यक्ति के साथ बातचीत करते समय लागू कर सकते हैं जिसके बारे में आप गहरी जानकारी प्राप्त करना चाहते हैं।

वे किन प्रश्नों या विषयों पर चर्चा करने से बचते हैं; जब वे बोलने के बीच बहुत देर तक रुकते हैं; क्या कुछ लोगों या घटनाओं पर चर्चा करते समय उनका लहजा बदल जाता है; ये

अवलोकन आपको एक व्यक्ति के रूप में बेहतर ढंग से समझने के साथ-साथ बोले गए शब्दों को अधिक गहराई से समझने में मदद करते हैं।

जैसे स्कूल के बारे में बच्चों से बात करते समय, ऐसे लोगों से संवाद करते समय जो आसानी से जानकारी साझा नहीं करते हैं या जो अस्पष्ट शब्दावली का उपयोग करना पसंद करते हैं। अधिकतम प्रभाव और दक्षता के लिए आपके प्रश्नों और प्रतिक्रियाओं को सावधानीपूर्वक संरचित किया जाना चाहिए।

सुनिश्चित करें कि आप यह सब संदर्भ में करें; किसी का अवलोकन करते समय हमेशा स्थिति, परिवेश और परिस्थितियों के प्रति सचेत रहें। यदि कोई व्यक्ति परिवेश से ध्यान भटकाने के कारण दूर की आवाज निकालता है तो सावधान रहें। या हो सकता है कि वे कुछ घटनाओं के बारे में बातचीत के दौरान चुप हो जाएं - इसलिए नहीं कि वे कुछ छिपाना चाहते हैं, बल्कि जिस पर चर्चा हो रही थी उससे अरुचि या ध्यान भटकने के कारण।

जिस तरह किसी और को समझने के लिए समय, निरंतरता और समझ की आवश्यकता होती है, उसी तरह पंक्तियों के बीच में कोई क्या कहता है उसे समझने के लिए भी समय, निरंतरता और समझ की आवश्यकता होती है। प्रत्येक शब्द और मौन का क्षण-दर-क्षण विश्लेषण करना केवल चीजों को और अधिक भ्रमित करने का काम करेगा; आपको सुनते समय केवल उपस्थित और सचेत रहने की आवश्यकता है और जो कुछ भी आप सुनते हैं उसकी संभावित व्याख्याओं के बारे में अपने निष्कर्ष पर पहुंचने से पहले मानसिक रूप से उसकी समीक्षा करें।

अध्याय 24: भाषण पैटर्न का विश्लेषण

टेडटॉक के दर्शक सिर्फ टेडटॉक में प्रस्तुत किए गए शानदार विचारों को ही नहीं देखते हैं। जो प्रेरक और प्रभावशाली व्यक्ति सफल होते हैं, जरूरी नहीं कि वे महान विचारों वाले ही हों; वे वे हैं जो समझते हैं कि उन्हें प्रभावी ढंग से कैसे प्रस्तुत किया जाए - टोन और पिच अभ्यास के माध्यम से, भाषणों की स्पष्ट संरचना या यहां तक कि अधिकतम प्रभाव के लिए मीडिया कवरेज का उपयोग करना। सार्वजनिक भाषण में केवल इस बात पर विचार करने के बजाय कि क्या कहा जाना चाहिए, इस बात पर ध्यान देना शामिल है कि आप चीजों को कैसे कहते हैं। सार्वजनिक वक्ता अपने दर्शकों का दिल जीतने के लिए अनुनय-विनय की कला सीखते हैं।

सार्वजनिक वक्ता अक्सर अधिकतम प्रभाव के लिए अपनी सामग्री को संरचित करने के लिए भाषण पैटर्न का उपयोग करते हैं। इन पैटर्न का चयन विषयों, दर्शकों और उनके भाषण के मुख्य उद्देश्य पर निर्भर करता है - दूसरे शब्दों में, यदि उनका उद्देश्य यही है तो बातचीत को अपना वास्तविक उद्देश्य पूरा करना चाहिए! किसी नए व्यक्ति से बात करते समय, सुनिश्चित करें कि आपका लक्ष्य स्पष्ट है ताकि आप उनकी प्रतिक्रियाओं की निगरानी करते समय ध्यान केंद्रित रख सकें - पढ़ने वाले लोगों को दूसरों के बारे में अप्रासंगिक विवरण एकत्र नहीं करना चाहिए।

गति बढ़ाना

यूनिवर्सिटी ऑफ मिशिगन इंस्टीट्यूट ऑफ सोशल रिसर्च द्वारा किए गए एक अध्ययन में लोगों को एक सर्वेक्षण में भाग लेने के लिए मनाने की कोशिश करने वाले कॉल करने वालों द्वारा किए गए 1,400 प्रयासों की जांच की गई, जिसमें प्रति कॉलर एक फोन कॉल का उपयोग करके अनुनय प्रयास किया गया। [24] नतीजों से पता चला कि बिना रुके बहुत तेजी से बोलने वाले दूसरों को समझाने में असफल रहे; शोधकर्ताओं ने दूसरों को समझाने की कोशिश करते समय कॉल करने वालों के प्रवाह, भाषण दर और पिच की जांच की; सफल प्रेरकों में प्रति सेकंड लगभग 3.5 शब्द बोलने वाले लोग शामिल थे - दूसरों को राजी करते समय मध्यम तेज गति; [26]

सही विराम लें

किसी को प्रभावित करने का प्रयास करते समय अधिकतम प्रभाव के लिए, प्रति मिनट चार या पांच विराम आदर्श होते हैं। ये विराम दूसरे व्यक्ति को प्रतिक्रिया देने से पहले आपके संदेश पर विचार करने और उनके विचारों और विश्वासों के प्रति अपना सम्मान दिखाने की अनुमति देते हैं, जबकि समय के साथ आपके निष्कर्षों पर उनकी राय विकसित होने से डरते हैं - इस प्रकार आपके और उनके बीच विश्वास बढ़ता है।

प्रोसोडी (तनाव, भाषण और लय का स्वर) प्रभावी भाषण वितरण का एक अभिन्न तत्व है, लेकिन बहुत अधिक प्रोसोडी प्रतिकूल और बुरी तरह से प्रतिकूल प्रभाव डाल सकती है। हम जो कहते हैं उसे उसकी प्रस्तुति के आधार पर अलग-अलग तरीके से समझा जा सकता है - इसलिए स्वर और लय का उचित उपयोग यह सुनिश्चित करता है कि आप जो कहते हैं वह बिल्कुल वैसा ही हो जैसा इरादा है; बहुत अधिक मात्रा में दर्शकों पर अविश्वास हो सकता है; वाक्य बनाते समय एनिमेटेड ध्वनि ने देने का प्रयास करें।

सफलता के लिए भाषण पैटर्न का प्रयोग करें

सार्वजनिक रूप से बोलते समय व्यक्ति अपने लक्ष्यों के आधार पर अलग-अलग भाषण पैटर्न का उपयोग कर सकता है, साथ ही अलग-अलग विकल्प इस बात पर प्रभाव डालते हैं कि उनका संदेश कितना सफल होगा। भाषण बनाते समय सार्वजनिक वक्ता के कुछ लोकप्रिय भाषण पैटर्न नीचे दिए गए हैं।

सामयिक या तार्किक दृष्टिकोण: संबंधित कई विचारों को व्यक्त करते समय, जानकारी को तार्किक रूप से व्यवस्थित करना ताकि यह एक विषय से दूसरे विषय पर प्रवाहित हो, ऐसा प्रतीत न हो कि आप बिना ठोस तर्क दिए विषयों के बीच कूद रहे हैं, अक्सर सबसे अच्छा तरीका होता है।

कालानुक्रमिक: कालानुक्रमिक सूचना संगठन सबसे अच्छा काम करता है जब डेटा को एक व्यवस्थित प्रगति का पालन करने की आवश्यकता होती है, जैसे कि एक कहानी बताना। उदाहरण के लिए, यदि आप किसी परियोजना के परिणाम के बारे में बात करना चाहते हैं, तो अधिक स्पष्टता के लिए कालानुक्रमिक क्रम में घटनाओं की संरचना करने से अधिक लाभ मिलेगा।

कारण और प्रभाव: जैसा कि इसके नाम से पता चलता है, यह जानकारी कारण-प्रभाव संबंधों का उपयोग करके प्रस्तुत की जाएगी। उदाहरण के लिए, काम पर मुद्दों पर चर्चा करते समय, इसके कारण को समझाने से शुरू करें - फिर यह बताएं कि इसका उत्पादकता पर क्या प्रभाव पड़ता है, यह प्रभाव के रूप में काम कर सकता है।

समस्या और समाधान: कारण और प्रभाव के समान, समस्या और समाधान का उपयोग विशिष्ट मुद्दों को हल करने के लिए आवश्यक कार्रवाई करने के लिए दूसरों को मनाने के एक प्रभावी साधन के रूप में किया जाता है। यह श्रोताओं को यह समझाने का एक प्रभावी तरीका है कि किसी भी चुनौती या बाधा को हल करने के लिए सबसे अच्छा तरीका क्या है।

भाषण पैटर्न विचारों और विचारों को स्पष्ट रूप से संप्रेषित करने में मदद कर सकता है। लोग परिचित पैटर्न सुनने का आनंद लेते हैं जिन्हें वे पहचानते हैं और अधिक आसानी से स्वीकार करते हैं; भ्रमित करने वाली जानकारी अक्सर संबंधित पक्षों के बीच अविश्वास का कारण बनती है, इसलिए आप अपना संदेश कैसे पहुंचाते हैं, इसमें समय लगाने से लोगों पर विश्वसनीयता और प्रभाव दोनों बढ़ेंगे।

आसानी से पचने योग्य तरीके से जानकारी प्रदान करने और किसी पर अपना प्रभाव बढ़ाने के लिए प्रभावी भाषण पैटर्न का उपयोग करना महत्वपूर्ण है। आपका लक्ष्य आपको एक आधिकारिक और तार्किक व्यक्ति के रूप में देखेगा जिस पर वे अधिक भरोसा कर सकते हैं और अपने विचारों और भावनाओं के बारे में अधिक खुलकर बात कर सकते हैं।

अध्याय 25: हमेशा सकारात्मक ऊर्जा अपने साथ लाएँ

हम अक्सर किसी के साथ मजबूत संबंध केवल इस आधार पर बनाते हैं कि वे हमें कैसा महसूस कराते हैं। "मुझे नहीं पता कि मैंने तुम्हें यह सब क्यों बताया; आमतौर पर मैं कम खुला हूं।

वास्तव में "वाइब" क्या है, और यह मुझे किसी से जुड़ने में कैसे मदद कर सकता है? सीधे शब्दों में कहें तो वाइब बस अच्छी ऊर्जा है जिसका सकारात्मक प्रभाव हो सकता है। पुष्टिकरण देने या अनियंत्रित रूप से सिर हिलाने की कोई आवश्यकता नहीं है; आप जहां भी जाएं, कनेक्ट होने के लिए बस अच्छा माहौल होना जरूरी है!

बस किसी प्रेरक वक्ता या व्यक्तिगत विकास गुरु से पूछें और वे आपको अपने लक्ष्यों के बारे में सकारात्मक पुष्टि के साथ घेरने की सलाह देंगे। हालाँकि यह पहली बार में अनावश्यक लग सकता है, सकारात्मक ऊर्जा जल्द ही हमारे अंदर प्रवेश करती है और हम सभी को किसी न किसी तरह से प्रभावित करती है!

यह बिल्कुल वही प्रभाव है जो सकारात्मक ऊर्जा या वाइब का अन्य लोगों पर पड़ता है। यह जानने से कि कोई व्यक्ति आलोचना के बिना उनके विचारों को स्वीकार कर रहा है, उन्हें बिना किसी सवाल के आपसे खुलकर बात करने का मौका मिलता है, जिससे आपको बिना सवाल उठाए उनके दिमाग तक पहुंच मिलती है! यह सब तब संभव होता है जब उनके आस-पास के लोग अपने साथ सकारात्मक ऊर्जा लेकर आते हैं - अच्छी ऊर्जा का दिखावा नहीं किया जा सकता, इसे केवल पहचाना जा सकता है। सकारात्मक दृष्टिकोण तेजी से फैलता है - हर कोई उन लोगों से बात करना पसंद करता है जो हमेशा सकारात्मक पक्ष देखते हैं! और अपने चारों ओर इस सकारात्मक माहौल के निर्माण के लिए इन युक्तियों और रणनीतियों के साथ:

उजले पक्ष को देखते रहें

जैसा कि वे कहते हैं, आपके साथ जो होता है उस पर आपकी प्रतिक्रियाएँ उनका परिणाम निर्धारित करती हैं। किसी के आपके लिए उबाऊ होने पर विलाप करने के बजाय, इस अवसर का उपयोग उन तरीकों का पता लगाने के लिए करें जिससे वे आपसे अलग सोच सकें और सार्थक बातचीत कर सकें। नकारात्मक रूप से ध्यान केंद्रित करने से आपमें और अधिक नकारात्मकता ही बाहर आएगी जिसे अन्य लोग तुरंत पहचान लेंगे।

यदि आप इसे महसूस नहीं करते, तो इसका दिखावा न करें

यह कहना कि आप कुत्तों से प्यार करते हैं, खोखला लग सकता है; दूसरों पर सहमति थोपे बिना विभिन्न दृष्टिकोणों को स्वीकार करने के लिए पर्याप्त खुले दिमाग वाले बनें; जब लोगों को एहसास होता है कि आप उन्हें पसंद करने या सहमत होने का दिखावा करने के बजाय उनके विरोधी दृष्टिकोण को स्वीकार करते हैं, तो आपकी प्रतिक्रिया अधिक सकारात्मक और इन मतभेदों का स्वागत करने वाली होगी।

कृतज्ञता का अभ्यास करें

आश्चर्य है कि कृतज्ञता रिश्तों को कैसे बेहतर बना सकती है? प्रत्येक दिन की शुरुआत और अंत में उन सभी के लिए आभारी होना जो जीवन हमें प्रदान करता है, और उन लोगों का सम्मान करना जिनका आप दैनिक आधार पर सामना करते हैं जैसे कि टीम लीडर या भाई-बहन, हर बार जब आप बातचीत करते हैं तो उनके लिए प्रशंसा व्यक्त करना याद रखें।

कृतज्ञ होने का आपका दैनिक अभ्यास उनके साथ बातचीत में सकारात्मक ऊर्जा भी ला सकता है!

नकारात्मकता को उजागर करें
दुर्भाग्य से, हम सभी कभी-कभी बिना जाने ही नकारात्मक विचारों के संचय का अनुभव कर सकते हैं। यह विशेष रूप से तब होता है जब हम कुछ लोगों को नकारात्मक यादों से जोड़ते हैं; उदाहरण के लिए, यदि पिछली बार जब आपने उनसे बातचीत की थी तो किसी ने आपत्तिजनक टिप्पणी की थी, जिससे अप्रिय यादें सामने आ सकती हैं जो बातचीत बंद होने के बाद भी लंबे समय तक बनी रहती हैं। एक उत्साहित वातावरण बनाने के लिए नकारात्मक यादों को अधिक उत्साहवर्धक यादों से बदलने का प्रयास करें।

ध्यान हम सभी को आराम करने, तनाव मुक्त होने और जमीन से जुड़ा हुआ महसूस करने का एक अमूल्य मौका प्रदान करता है। ध्यान आपको अपने आस-पास की किसी भी नकारात्मक ऊर्जा को मुक्त करने और यह मूल्यांकन करने का एक शानदार तरीका देता है कि आपके कार्यों का आपके प्रभाव क्षेत्र में लोगों पर किस प्रकार का प्रभाव पड़ रहा है। इसके अलावा, माइंडफुलनेस या आध्यात्मिकता जैसी ध्यान संबंधी प्रथाओं का अभ्यास करने से किसी के आंतरिक स्व के साथ संबंध गहरा हो सकता है और गहरी शांति को बढ़ावा मिल सकता है।

प्रकृति में उपचार करने की शक्तियाँ हैं
बाहर रहने में जबरदस्त उपचार गुण होते हैं! समुद्र की लहरों से घिरा, पहाड़ की चोटी के दृश्य या नदी के किनारे की आवाज़ें हमें आराम देने और भीतर से ठीक होने में मदद करने के लिए चमत्कार कर सकती हैं। बाहर समय बिताना लोगों को कम कड़वाहट और अधिक सकारात्मक बनाने में प्रभावी साबित हुआ है - चिंतन करते समय एक बहुत जरूरी ब्रेक लेना और अपने और एक-दूसरे के साथ सहजता से रहना यह सुनिश्चित करने के लिए आवश्यक है कि हम खुश लोग बने रहें!
आपके संचार में सकारात्मक ऊर्जा दूसरों पर प्रभाव डाल सकती है और उन्हें अधिक स्वतंत्र रूप से खुलने और आपके साथ अपने संचार में ईमानदार होने के लिए प्रोत्साहित कर सकती है। फैसले, निराशा या क्रोध का डर लोगों को मित्रवत दिखने से बचने के लिए बंद कर सकता है या झूठ बोल सकता है; एक आरामदायक माहौल और अच्छी ऊर्जा प्रदान करने से लोगों को आराम करने में मदद मिलती है ताकि वे पुनर्मूल्यांकन कर सकें कि वे आपको कैसे समझते हैं और साथ ही बातचीत के माध्यम से वे अपने बारे में कितना खुलासा कर रहे हैं।

अध्याय 26: डिजिटल युग में पढ़ने वाले लोगों में परिवर्तन

सावधानीपूर्वक निर्मित ईमेल या फ़ोन वार्तालाप के माध्यम से संचार करते समय कोई किसी के दिमाग को कैसे पढ़ सकता है? या जब कोई फ़ोन पर बात करते समय झूठ बोल रहा हो तो पता लगाएं? इसी तरह, आप व्हाट्सएप जैसे लाइन-द-लाइन संचार की व्याख्या कैसे कर सकते हैं जो चुनिंदा "इमोजी" पर बहुत अधिक निर्भर करता है?

डिजिटल संचार हमें कई लाभ प्रदान करता है; हम अपना सोफ़ा छोड़े बिना दुनिया भर के लोगों तक पहुँच सकते हैं, जबकि साथ ही इसकी सीमाएँ हमारे प्रभावी ढंग से जुड़ने को सीमित कर सकती हैं। हालाँकि, कोविड के बाद विकास में प्रगति के साथ, हमने सीख लिया है कि अधिक कुशलता से कैसे जुड़ना है। विद्यार्थी कक्षा की कक्षाओं की तुलना में ऑनलाइन कक्षाओं में अधिक चौकस पाए गए क्योंकि वे अपने शिक्षक की नज़रों का अनुसरण नहीं कर सकते थे - बिना यह जाने कि वह अपने कंप्यूटर स्क्रीन पर किसे देख रहे हैं! हालाँकि, मानव गर्मजोशी और एक-पर-एक मानव संपर्क की अंतरंगता से मेल खाने से पहले प्रौद्योगिकी को अभी भी कुछ रास्ता तय करना है।

किसी को उजागर करना तब चुनौतीपूर्ण हो सकता है जब आपका पूरा ध्यान उस पर न हो; सोना, खाना या भीड़ में। ज्यादातर मामलों में आपको यह भी पता नहीं चलेगा कि वीडियो कॉल के दौरान या जवाब देने से पहले पूरा टेक्स्ट पढ़ने के दौरान उनका स्पीकर चालू है या नहीं - जिससे इन डिजिटल प्लेटफार्मों पर लोगों को समझना मुश्किल हो जाता है; हालाँकि ऐसी तकनीकें हैं जिनका उपयोग आप सटीक रूप से व्याख्या करने के लिए कर सकते हैं कि कोई व्यक्ति क्या संचार करने का प्रयास कर रहा है।

सुनो, हो सकता है कि मैंने पहले ही कई बार इसका उल्लेख किया हो, लेकिन किसी के साथ सीधे संवाद करने की तुलना में साइबरस्पेस में आलोचना और संघर्ष को भड़काना आसान हो सकता है। हालाँकि पाठ संदेश पर की गई आपकी असहमति उतनी गंभीर नहीं लग सकती है, फिर भी वे एक-दूसरे को सुनने, पढ़ने या समझने की हमारी क्षमता को सीमित करती हैं।

संकेतकों पर ध्यान दें

इससे कोई फर्क नहीं पड़ता कि कोई व्यक्ति कहाँ स्थित है, उसका लहजा, शब्दों का चयन और वातावरण सभी इस बात के संकेतक बन सकते हैं कि उसका दिमाग कैसे काम करता है। उदाहरण के लिए, किसी को ईमेल का जवाब देने में कितना समय लग रहा है? या पाठ के माध्यम से तुरंत उत्तर दे रहे हैं? या उनकी आवाज में कोई तात्कालिकता का भाव है? बस थोड़ा सा ध्यान देने से हमें उनके बारे में अमूल्य जानकारी मिल सकती है!

एक कैलिब्रेटेड दृष्टिकोण बनाए रखें

लोगों को आमने-सामने पढ़ना मुश्किल हो सकता है और स्क्रीन पर तो और भी मुश्किल हो सकता है, जिससे उनके लहज़े, शब्दों के चयन या विराम को गलत ढंग से पढ़ना और भी कठिन हो जाता है। जब हमारे पास सीमित संकेतक उपलब्ध होंगे तो हम उनके पाठ की गलत व्याख्या कर सकते हैं। आमने-सामने संचार हमें किसी व्यक्ति के चेहरे के भाव, शारीरिक भाषा और समग्र "वाइब" जैसे कई पहलुओं के आधार पर उसका सटीक चित्रण स्थापित करने की अनुमति देता है। जब आप दूसरों के साथ फोन पर या टेक्स्ट के माध्यम से संवाद करते हैं, तो सुनिश्चित करें कि आप सीमित डेटा के साथ निश्चित निष्कर्ष पर नहीं पहुंचें। जो कहा जा रहा

है उस पर ध्यान दें और स्पष्टता के लिए जब आवश्यक हो तो प्रश्न पूछें। यदि बातचीत करते समय धारणाएँ उत्पन्न होती हैं, तो सवाल करें कि क्या सटीक अवलोकन करने के लिए पर्याप्त डेटा उपलब्ध है।

मैं फ़ोन या एसएमएस पर किसी झूठे व्यक्ति को कैसे पहचान सकता हूँ?

झूठ का पता लगाने के लिए गहन अवलोकन कौशल की आवश्यकता होती है; लेकिन एसएमएस टेक्स्ट या ईमेल वार्तालाप में कई सामान्य बातें अनुपस्थित होने के कारण, झूठ पकड़ने वाले पर्याप्त डेटा प्रदान करते हैं जो इन डिजिटल प्लेटफ़ॉर्मों पर सटीक पता लगाने की अनुमति देता है। यहां कुछ संकेत दिए गए हैं कि कोई आपसे लिखित रूप में झूठ बोल रहा है:

जो कोई झूठ बोल रहा है, वह अव्यवस्थित लग सकता है और एक ही कहानी से उसे पहचानना मुश्किल हो सकता है, वह सच्चाई को अस्पष्ट करने या छिपाने की कोशिश में लगातार विषय वस्तु बदलता रहता है। वे चीज़ों को अत्यधिक जटिल बनाने या झूठे दावे करने की कोशिश कर सकते हैं जिनका कोई मतलब नहीं बनता; टेक्स्ट मैसेजिंग पर इन संदेशों का पता लगाने का एक तरीका टेक्स्ट के लंबे पैराग्राफ की तलाश करना हो सकता है जो संदर्भ में किसी विषय के बारे में स्पष्टता प्रदान नहीं करते हैं; यदि यह सत्य होता तो आपको यह जानने के लिए दोबारा पढ़ने की आवश्यकता नहीं होती कि वास्तव में क्या हुआ था।

वे अनावश्यक जानकारी पर अधिक ज़ोर दे रहे हैं या विशिष्ट पूछताछ का उत्तर देने से बचते हैं

यदि कोई आपसे कोई ऐसा प्रश्न पूछता है जिसके लिए सीधे उत्तर की आवश्यकता है, तो आप हमेशा इनकार करके उत्तर देने से बच सकते हैं। उदाहरण के लिए, मान लें कि आपने अपने साथी से पूछा कि वे कहाँ हैं, लेकिन कोई उत्तर नहीं मिला; चार घंटे बाद वे आपको यह समझाने के लिए संदेश भेजते हैं कि उनकी बैटरी खत्म हो गई है, लेकिन फिर भी वे आपको बताते हैं कि वे उस समय कहां हैं - यह चूक से झूठ बोलना है क्योंकि वे उस समय सच कह रहे हैं लेकिन जब पहली बार पूछताछ की गई थी तो उन्होंने जवाब नहीं देने का विकल्प चुना; इसके अतिरिक्त वे सीधे उत्तर देने से बचने और बातचीत को पूरी तरह से पटरी से उतारने के लिए अत्यधिक जटिल प्रतिक्रियाएँ देने का प्रयास कर सकते हैं।

कोई जवाब नहीं दे रहा

वे दिन गए जब संदेश भेजना समुद्र में पत्थर फेंकने जैसा था, बिना यह जाने कि यह प्राप्तकर्ता तक कब पहुंचेगा या नहीं; अब हमें ठीक-ठीक पता है कि हमारा संदेश कब आया, उसे कब देखा गया और वे "ऑनलाइन" हैं या नहीं। अधिकांश मैसेजिंग एप्लिकेशन एक इलिप्सिस (...) प्रदर्शित करते हैं जब कोई अपना जवाब टाइप कर रहा होता है, इसलिए हम जानते हैं कि किसी भी सेकंड में इसकी उम्मीद की जा सकती है!

बहुत अधिक जानकारी के कारण लोग स्पष्टीकरण देने लगते हैं। क्या आपने कार्यस्थल पर अपने सहकर्मी का सैंडविच खाया? सम्भावना है कि आप स्पष्टीकरण देंगे, संभवतः पन्द्रह मिनट तक, कि ऐसा क्यों हुआ। इसी प्रकार झूठ बोलते समय हम अपनी प्रतिक्रियाओं में अतिशयोक्ति का प्रयोग करते हैं ताकि हम जो चाहते हैं कि लोग विश्वास करें कि घटित हो रहा है उसे छिपा सकें; कुछ व्यक्ति नियमित रूप से लंबे पाठ बनाते हैं लेकिन यदि प्रतिक्रियाएँ

असामान्य रूप से लंबी हो जाती हैं तो यह इस बात का प्रमाण हो सकता है कि वे उस जानकारी के बारे में स्पष्टीकरण प्रदान कर रहे हैं जिसे उन्होंने प्रकट न करने का निर्णय लिया है।

कल्पना करें कि आप एक शाब्दिक बहस में उलझे हुए हैं, जहां दोनों पक्ष अपने-अपने पक्ष को उजागर कर रहे हैं, लंबे उत्तर तैयार कर रहे हैं, जब तक कि आप एक प्रश्न नहीं उठाते और बातचीत अचानक उत्तर से हटकर दूसरे विषय पर केंद्रित हो जाती है। ऐसे उदाहरण में, व्यस्त रहने का उनका प्रयास इस वार्तालाप सूत्र को छोटा करने और पूरी तरह से किसी और चीज़ की ओर बढ़ने के उनके इरादे का संकेत दे सकता है।

"क्या मेरे मना करने पर भी तुम उसके घर गए?"

वह अचंभित लग रही थी। यह आश्चर्यजनक है कि हमारे बीच विश्वास कितना कम है! दुर्भाग्य से मेरे पास अब इसके लिए समय नहीं है क्योंकि कपड़े धोने हैं; आपसे बाद में बात करते हैं अलविदा।"

अध्याय 27: आगे बढ़ने के लिए आपकी कार्य योजना

यहां आपके पास सब कुछ है - लोगों को समझने के लिए आवश्यक सभी उपकरण। लोगों पर आपकी गाइडबुक हाथ में होने से, यह आपको इस बात का गहन ज्ञान प्राप्त करने में सक्षम बनाएगी कि लोग क्यों बोलते हैं, कुछ खास तरीकों से व्यवहार करते हैं और जो कहते हैं वही कहते हैं - व्यक्तित्व और संचार शैली की विशेषताओं से लेकर प्रभावशाली लोगों के माध्यम से जो उन्हें आकार देते हैं; यह सारा ज्ञान आपकी उंगलियों पर है लेकिन किसी को समझने में अभी भी समय, प्रयास और थोड़े अनुमान की आवश्यकता हो सकती है!

मन एक जटिल संरचना है और इसे समझने के लिए व्यक्ति को इसकी जटिलता को समझते रहना चाहिए। किसी को वर्षों से जानने के बाद भी, छोटे-मोटे झगड़े या असहमति के कारण उनकी बातों को निष्पक्षता से सुनना अधिक कठिन हो सकता है।

इसलिए जब लोगों को समझने की बात आती है तो मैं अक्सर अभ्यास और अवलोकन के महत्व पर जोर देता हूं। आपको दूसरे लोगों की मान्यताओं और संचार की शैलियों को पढ़ते समय उनके शब्दों की सही व्याख्या करने के लिए अत्यधिक अनुकूलनशीलता दिखाते हुए अपने विचारों पर नियंत्रण रखना चाहिए। यहां उन सभी चीजों की एक रूपरेखा और अनुस्मारक है जो आपको हर बार किसी को समझने और उनकी अनकही भाषा की जटिलताओं को सुलझाने का इरादा रखते समय लाना चाहिए।

लोगों को पढ़ने के लिए मानसिक रूप से तैयार रहें

हर बार जब आप किसी दूसरे के साथ बातचीत में शामिल हों, तो अपनी स्थिति का जायजा लें। अपने आप से कुछ प्रमुख प्रश्न पूछें जैसे, * क्या मैंने पहले से ही उनके बारे में कोई राय बना ली है? या >> क्या ऐसे कोई पूर्वाग्रह और पूर्वाग्रह हैं जिनसे मुझे सावधान रहने की आवश्यकता है?

* क्या मैं किसी को समझने की कोशिश करने में मानसिक और भावनात्मक रूप से सक्षम हूं? * किसी को पढ़ते समय किन पहलुओं को ध्यान में रखना चाहिए?

*कौन से बाहरी कारक संभवतः मेरे निर्णय को प्रभावित कर सकते हैं? इस तरह से पूछताछ करने से आप बिना किसी पूर्वाग्रह या आलोचना के दूसरों से संपर्क कर सकेंगे। लोगों को करीब से देखने के लिए, चौकस रहें - अपने दिमाग को अन्य कार्यों और विचारों से मुक्त करें ताकि रुचि के लोगों को हल्के में लिए बिना उनका अवलोकन करने पर ध्यान केंद्रित करें - ध्यान से और बिना किसी पूर्वाग्रह के सुनते हुए उनकी शारीरिक भाषा, चेहरे के भाव और शब्दों को करीब से देखें।

लोगों का अध्ययन करने में समय व्यतीत करें किसी भी कला में महारत हासिल करने के लिए समय और समर्पण की आवश्यकता होती है। लोगों को पढ़ने के लिए विविध पृष्ठभूमि के लोगों के बारे में सटीक आकलन करने के लिए निरंतर अध्ययन की आवश्यकता होती है। इसे ठीक से करने के लिए, किसी को समाज भर में विविध व्यक्तित्व वाले कई व्यक्तियों का निरीक्षण करने की आवश्यकता है ताकि उनके बारे में सटीक निर्णय लिया जा सके। लोगों के पढ़ने को समग्रता से देखा जाना चाहिए। हालाँकि यह समझना अच्छा होगा कि आपका बॉस क्या सोचता है या आपका साथी कमरे में क्या संदेश भेजने की कोशिश कर रहा है, ऐसा करने के लिए आपके संपर्क में आने वाले प्रत्येक व्यक्ति के पैटर्न, व्यवहार और प्रेरणा को ठीक से समझने की आवश्यकता है। इस कार्य के लिए, अनेक व्यक्तियों का अवलोकन करके इन

पैटर्नों को पहचानने में सक्षम होना आवश्यक है। सार्वजनिक यात्रियों के साथ व्यवहार करते समय या डिपार्टमेंटल स्टोर में सेल्सपर्सन के साथ बातचीत करते समय, या यहां तक कि हेयरड्रेसर के साथ बातचीत करते समय इस कौशल को ध्यान में रखें।

अभ्यास परिपूर्ण बनाता है, क्योंकि अधिक बार आप विभिन्न प्रकार के व्यक्तित्व और बातचीत शैलियों के लोगों को पहचानते हैं और उनके संदेशों को प्रभावी ढंग से व्यक्त करने के लिए पहचानते हैं। इसके अलावा, अभ्यास करने से आप पूर्वाग्रहों और पूर्वाग्रहों से छुटकारा पा सकेंगे और लोगों के चरित्र या जीवन की स्थिति के बारे में त्वरित निर्णय किए बिना उनका निरीक्षण कर सकेंगे। लोगों का पढ़ने का कौशल व्यक्तिगत और व्यावसायिक विकास के लिए एक अनिवार्य संपत्ति है, जो आपको लोगों और उनकी प्रेरणाओं को बेहतर ढंग से समझने में मदद करता है। यह पहचानना कि किसी का बड़बड़ाना आक्रामक भाषण के कारण नहीं हो सकता है, लेकिन सुनने की क्षमता में कमी वाले बुजुर्ग दादा-दादी के साथ रहने से आपको नया दृष्टिकोण मिल सकता है। जब लोग बोलते हैं तो उन्हें ध्यान से सुनने और उनके बारे में प्रासंगिक प्रश्न पूछने और उनकी कहानियों में रुचि दिखाने से आपको पेशेवर और व्यक्तिगत दोनों तरह से सार्थक रिश्ते बनाने में मदद मिलेगी। लोगों को जानने में समय व्यतीत करने से कार्यस्थल और उसके बाहर दोनों जगह लाभ मिलेगा!

धैर्य और सावधानी सदैव आवश्यक है
बुनाई करना सीखना कठिन हो सकता है। अभ्यास परिपूर्ण बनाता है, जैसे कंबल बुनने के अनगिनत प्रयास जब तक कि प्रत्येक गाँठ पूर्ण न हो जाए - लेकिन एक बार जब प्रत्येक गाँठ बनने का वास्तविक कार्य ध्यान में आता है, तो आप एक नमूना बनाने में आवश्यक धैर्य, ध्यान और समर्पण के बारे में पूरी तरह से जागरूक हो जाते हैं। एक के बाद एक कपड़ा. इसी तरह, बारीकी से ध्यान देना सिद्धांत रूप में आसान लग सकता है, फिर भी कभी-कभी मुश्किल हो जाता है जब उन लोगों के साथ संवाद करने का सामना करना पड़ता है जिनसे आप दृढ़ता से असहमत हैं या किसी ऐसे व्यक्ति की शारीरिक भाषा का अवलोकन करना जो आपको अरुचिकर लगता है - दोनों कार्यों में अभ्यास की आवश्यकता होती है यदि वे उचित परिणाम चाहते हैं!

धैर्य और सावधानी आपको इस चुनौती से उबरने और विभिन्न दृष्टिकोणों से लोगों को जानने और समझने का अनुभव प्राप्त करने में मदद कर सकती है। केवल जब आप धैर्यपूर्वक किसी ऐसे व्यक्ति की बात ध्यान से सुनेंगे जिससे आप असहमत हैं, तभी आप सीखेंगे कि व्यक्तिगत सीमाओं से परे लोगों को कैसे देखना और पढ़ना है।

प्रामाणिक और संवेदनशील बनें जब किसी को बातचीत के बीच में दूर जाते हुए देखें तो मानसिक नोट्स लें। लोग शत्रुता और निर्णय का तुरंत पता लगा सकते हैं; वे जानते हैं कि जब कोई उनके आसपास अंडे के छिलके पर चलने की कोशिश कर रहा है। यह अपेक्षा न करें कि कोई ट्रेंच कोट के पीछे एक आवर्धक कांच के साथ बैठकर आपसे खुलकर बात करेगा और उनके प्रति औपचारिक या ठंडा होने की कोशिश करेगा; किसी को आपके सामने खुलकर बात करने के लिए उसे इतना सुरक्षित महसूस होना चाहिए कि वह आपके सामने स्वतंत्र रूप से और सुरक्षित रूप से खुल सके।

अपने निर्णय लेते समय खुले दिमाग वाले रहें

इसे अक्सर पर्याप्त रूप से कवर किया गया है, क्योंकि पूर्वाग्रह और पूर्वाग्रहों के आधार पर लोगों के बारे में त्वरित निर्णय और आकलन करना उन्हें बंद करने या उनके आधार पर अनुचित आकलन करने में मुख्य योगदानकर्ता है। किसी का अवलोकन करते समय निर्णय या निष्कर्ष निकालने में देरी करने का अभ्यास करें। अगर आपके शुरुआती विचारों में यह सोचना शामिल है कि सड़क पर नाच रहा कोई व्यक्ति ध्यान आकर्षित करने की कोशिश कर रहा है, तो सावधान रहें - अपने आप को तुरंत वहीं रोक दें! उदाहरण के लिए, यदि वे नाचते हुए काफी खुश लगते हैं और आपको लगता है कि "उन्हें ध्यान आकर्षित करना पसंद है", तो तुरंत यह निष्कर्ष निकालने से पहले खुद को रोक लें कि क्या हो रहा है - या यह सोचें कि उन्हें सिर्फ ध्यान आकर्षित करना पसंद है और धारणाओं के आधार पर धारणाएँ बनाना।

निष्कर्ष

इस बिंदु पर, यह स्पष्ट होना चाहिए कि लोगों को पढ़ना सीखना आत्म-खोज और मूल्यांकन की यात्रा है; आपको इसका एहसास तब होता है जब आपको पता चलता है कि यह आपके बारे में और दूसरे व्यक्ति के बारे में और अधिक जानने के बारे में भी है। ऐसा करने से हमें अपने भीतर की सीमाओं को पहचानने में मदद मिलती है ताकि हम एक-दूसरे के साथ गहरे और अधिक सार्थक संबंध बना सकें, जिससे अंततः हमें उनकी प्रेरणाओं, आकांक्षाओं और सबसे महत्वपूर्ण विचारों के बारे में जानकारी मिलती है।

समझें कि हर यात्रा की शुरुआत क्यों होती है। इससे कोई फर्क नहीं पड़ता कि यह बिजनेस स्कूल है, मेडिकल स्कूल या लॉ स्कूल - सब कुछ सबसे पहले इस एक प्रश्न का उत्तर देने से शुरू होता है - चीजें वैसी क्यों होती हैं जैसी वे होती हैं। एक बार इस प्रश्न का उत्तर मिल जाने के बाद, बाकी सब कुछ व्यवस्थित रूप से अपनी जगह पर आ जाता है। लोगों को पढ़ना संचार के लिए इस प्रश्न का उत्तर देने के बारे में है, और एक बार उत्तर देने के बाद यह सभी प्रकार की संभावनाओं को खोल सकता है और पूर्वाग्रहों और गलत संचार की बाधाओं को दूर कर सकता है। किसी को समझने से रिश्ते मजबूत होते हैं। कुशल संचार जीवन भर आपकी सेवा करेगा। टीम के किसी सदस्य पर दबाव बनाने या माता-पिता को अपनी आकांक्षाओं के बारे में समझाने से लेकर दूसरे की प्रेरणाओं और विचारों को समझने तक - अपने लक्ष्य की प्रेरणाओं को जानने से आपको सुनने और सम्मान पाने का मौका मिलता है। आपने क्या लाभ पाया है! इस पुस्तक का प्रत्येक पृष्ठ मानव व्यवहार से संबंधित रहस्यों से भरा पिटारा खोलने जैसा है - यह पुस्तक केवल झलकियाँ ही प्रदान करती है! मनुष्य आमतौर पर काले या सफेद श्रेणियों में नहीं आते - वे सभी प्रकार के रंगों में आते हैं! संभावना है, जैसे-जैसे हर दिन बीतता जाएगा आप अपने साथ रहने वाले लोगों के बारे में और अधिक जानेंगे। उनकी प्रतिक्रियाएँ जीवन के अनुभवों, भावनाओं और पर्यावरणीय प्रभावों के आधार पर भिन्न हो सकती हैं - उन्हें समझने के लिए, इन परिवर्तनों के प्रति जागरूक रहना और तदनुसार अनुकूलन करना सबसे अच्छा है।

तो अब इन बदलावों को पहचानना पहले से कहीं ज्यादा आसान हो गया है, बुरे मूड और नकारात्मक लोगों से लेकर झूठ बोलना और भावनाओं को संप्रेषित करने में कठिनाई तक। इसे बुद्धिमानी और जिम्मेदारी से उपयोग करें - दुनिया को आपकी ज़रूरत है! इन सिद्धांतों को काम पर और उन लोगों के साथ लागू करें जिन्हें आप महत्व देते हैं क्योंकि पेड़ों को जीवित रहने के लिए अभी भी सूरज की गर्मी और अच्छी मिट्टी में पोषक तत्वों की आवश्यकता होती है। समझने के लिए समझ आवश्यक है, और हमें इस बात से अवगत रहने की आवश्यकता है कि लोग कैसे सोचते हैं ताकि हम दोनों अपने हितों को समझते हुए उनके हितों की रक्षा कर सकें। क्या आप सार्थक रिश्तों को गहरा और पोषित करने के एक तरीके के रूप में पढ़ने का हमेशा बुद्धिमानी से उपयोग कर सकते हैं।

समाप्त